PRÄSIDENTSCHAFT DER TÜRKISCHEN REPUBLIK FÜR RELIGIÖSE ANGELEGENHEITEN

Allgemeine Veröffentlichung Nr: 2310
Volksbücher: 647

DIE SOZIALSTEUER – DIE VERSICHERUNG DES LEBENS UND DES BESITZES
Dr. Muhlis AKAR

Chefredakteur: Doz. Dr. Fatih KURT
Koordination: Yunus YÜKSEL
Herausgeber: Elif ERDEM
              Hale ŞAHİN
              Dr. Rukiye AYDOĞDU DEMİR
Übersetzung: Büşra ŞAHİN ARSLAN
Redaktion: Ebrar ERKOÇ
Grafik & Design: Uğur ALTUNTOP

Druck: Epa-Mat Bas. Yay. Prom. San. ve Tic. Ltd. Şti.
Tel: +90 312 394 48 63

2. Auflage, ANKARA 2022

ISBN: 978-625-435-397-0
2022-06-Y-0003-2310
Zertifikat Nr: 12930

Entscheidung der Prüfungskommission: 09.09.2022/151

© Präsidium für Religionsangelegenheiten, Abteilung Religiöse Publikationen

Kontakt:
Präsidium für Religionsangelegenheiten
Generaldirektorat für religiöse Publikationen
Abteilung für Publikationen in Fremdsprachen und Dialekten
Dini Yayınlar Genel Müdürlüğü
Yabancı Dil ve Lehçelerde Yayınlar Daire Başkanlığı
Üniversiteler Mah. Dumlupınar Bulvarı No: 147/A
06800 Çankaya – ANKARA / TÜRKİYE
Tel.: +90 312 295 72 81 ▪ Fax: +90 312 284 72 88
e-mail: yabancidiller@diyanet.gov.tr

Vertrieb und Verkauf:
Umlaufvermögen Abteilungsleitung
Tel: +90 312 295 71 53 - 295 71 56
Fax: +90 312 285 18 54
e-mail: dosim@diyanet.gov.tr

DIE SOZIALSTEUER
DIE VERSICHERUNG DES LEBENS UND DES BESITZES

DR. MUHLİS AKAR

Das Präsidium für Religiöse Angelegenheiten (Diyanet İşleri Başkanlığı) ist die einzige offizielle Institution, die Aufgaben bezüglich religiöser Angelegenheiten ausführen darf.

Die Republik Türkiye ist ein Land, das 1923 als Fortführung einer alten Zivilisation gegründet wurde. Die Mehrheit der Bevölkerung der Türkiye, die der Schnittpunkt der Zivilisationen ist, sind Muslime.

INHALTSVERZEICHNIS

WAS IST ZAKAH? 9

DIE BEDINGUNGEN DES ZAKAH 13

Die Bedingungen für die Verpflichtung zur Zakah-Abgabe 13
Die Bedingungen, die der Mukallaf (Verpflichtete) erfüllen muss 14
- Muslim zu sein 14
- Akil-Baligh zu sein 14
- Reich zu sein 15
- Frei zu sein 16

Die Bedingungen, die der Besitz erfüllen muss 16
- Dass der Besitz das rechtmäßige Eigentum des Besitzers ist 16
- Dass der praktisch oder theoretisch vermehrungsfähig (nami) ist ... 17
- Dass der Besitz den Nisab-Betrag erreicht 17
- Dass der Besitz mehr als die Grundbedürfnisse beträgt 18
- Dass ein Jahr über den Bestand des Besitzes vergeht 19

Von welchen Waren wird die Zakah vergeben? 20
- Gold und Silber 20
- Münzen und Scheine 21
- Gold- und Silberschmuck 21
- Groß- und Kleinvieh 22
- Handelsware 22
- Agrarerzeugnisse 23
- Mineralien 23
- Meeresfrüchte 24
- Ertragsfähige Gewerbe-, Produktions-, Bau- und Transportmittel ... 24
- Lohn, Verdienst und freiberufliche Erträge 25
- Aktien 26
- Ausstehende Forderungen 26

Gültigkeitsbedingungen 28
- Niyah (Absichtsbekundung)/Aufrichtigkeit 28
- Tamlik 30
- Legitimer (halal) Erwerb 31

AN WEN DARF ZAKAH VERTEILT WERDEN? 34

Arme und Bedürftige..34
Zakah-Beauftragte 35
Muallafah al-Qulub 35
Leibeigene/Menschen, deren Freiheit geraubt wurde................36
Verschuldete 38
Menschen auf dem Wege Allahs 39
Reisende 40

AN WEN DARF DIE ZAKAH NICHT ENTRICHTET WERDEN? 42
Eltern, Ehepartner und Kinder 42
Nicht-Muslime 43
Reiche 43
Die Verwandten des Propheten Muhammed (saw.).....................44

WAS IST BEI DER ZAKAH-ABGABE ZU BEACHTEN? 45
Vom wertvollen Besitz abzugeben 45
Bei der Abgabe zu eilen 46
Die diskrete Abgabe...47
Die Zakah offenkundig zu entrichten, wenn dies andere zur
Spende anregen sollte 48
Die Menschen bei der Abgabe nicht zu kränken.......................50

DIE HIKMAH UND ERRUNGENSCHAFTEN DER ZAKAH................52
In Hinsicht auf die Zakah-abgebende Person....................52
Die Stärkung der Bindung des Menschen zu Allah 52
Der Dank an den wahrhaftigen Besitzer der Gaben 54
Der Schutz vor dem Geiz 55
Das Erlangen der Großzügigkeitstugend 57
Das Verinnerlichen von Fürsorge und Barmherzigkeit 59
Das Gewinnen des Hilfs- und Kohäsionsbewusstsein 61
Die Erkenntnis des wahren Besitzers von Gaben und Vermögen ...64
Das Abbremsen der Gier und die Erweiterung der Genügsamkeit....66
Zu verhindern, dass die Liebe zum Besitz das Herz ergreift............68
Das Erlangen von Begnadigung, Maghfirah und Rahmat................70

DIE SOZIALSTEUER – DIE VERSICHERUNG DES LEBENS UND DES BESITZES

IN HINSICHT AUF DIE ZAKAH-ENTGEGENNEHMENDE PERSON 71
    Die Bildung einer seelischen Brücke zwischen dem
    Gebenden und dem Nehmenden 72
    Das Decken der Bedürfnisse 73
    Die Beseitigung der Gehässigkeit und der Missgunst 75
    Die Motivation zur Arbeit, zum Gewinnerwerb und zur
    Produktivität 78

IN HINSICHT AUF DEN BESITZ UND DAS VERMÖGEN 81
    Das Reinigen/Läutern von Besitz und Vermögen 83
    Die Fülle (Barakah) von Besitz und Vermögen 84
    Das Versichern von Besitz und Vermögen 87
    Besitz und Vermögen in eine Anlage für das Jenseits
    umzuwandeln 89

IN SOZIOÖKONOMISCHER HINSICHT 90
    Das Bilden einer Atmosphäre der Liebe, des Friedens
    und der Geschwisterlichkeit 90
    Das Übertragen des Verdienstes auf den Bedürftigen 93
    Bei der Lösung des Armutsproblems beizutragen 95
    Die Verwirklichung der sozialen Sicherheit und des sozialen
    Zusammenhalts 98
    Die Verhinderung der Ansammlung von Vermögen in
    bestimmten Händen 99
    Vermögen und Besitz in die Wirtschaft einzubringen 101

Alle abrahamitischen Religionen förderten den Schutz der bedürftigen Menschen. Zudem wurden diesbezüglich göttliche Maßnahmen getroffen. So ist die Zakah eine Ibadah, die zu diesem Zweck befohlen wurde.

WAS IST ZAKAH?

Der Begriff *Zakah* (Sozialsteuer), der lexikalisch „Anstieg, Mehrung, Reinheit, Fülle (Barakah), gute Führung und Lob" bedeutet, wird als „die für den Willen Allahs geleistete Abgabe eines Anteils eines bestimmten Besitzes an bestimmte Personen" definiert.

Alle *abrahamitischen Religionen*[1] förderten den Schutz der bedürftigen Menschen. Zudem wurden diesbezüglich göttliche Maßnahmen getroffen. So ist die Zakah eine Ibadah,[2] die zu diesem Zweck befohlen wurde. (al-Bayyina, 98/4-5) Während die Thora die Wichtigkeit der Zakah-Abgabe an Fremde, Waisen und Witwen betonte, (Deuteronomium, 26:12; 3. Buch Mose, 27:30) wurde in der Bibel hervorgehoben, dass die Abgabe der Zakah so erforderlich wie die moralischen Pflichten sind. (Lukas, 11:42)

---

1 Als abrahamitische Religionen werden jene Religionen bezeichnet, die von Allah offenbart wurden.
2 Die Ibadah (Glaubenspraxen) werden als „bestimmte Handlungen, die mit der Absicht Allah nahezukommen vollzogen werden" definiert.

„Der Islam wurde auf fünf Grundsätzen erbaut; zu bezeugen, dass es keinen Gott außer Allah gibt und dass Muhammed der Gesandte Allahs ist, das Ritualgebet rechtmäßig zu verrichten, die Sozialsteuer zu vergeben, zu pilgern und im Ramadan zu fasten.",

DIE SOZIALSTEUER – DIE VERSICHERUNG DES LEBENS UND DES BESITZES

Im heiligen Koran wird verkündet, dass die *Söhne Israels*[3] dazu verpflichtet wurden, Zakah zu entrichten, (al-Baqara, 2/83; al-Ma'ida, 5/12) und dass die Zakah auch verschiedenen Propheten wie Ibrahim, Ishaq, Yakub und Isa befohlen wurde. (al-Anbiya, 21/72-73; Maryam, 19/31) Wiederum wird, wenn von den *Muschrikun*[4] (Polytheisten) gesprochen wird, *„Wenn sie aber bereuen, das Ritualgebet verrichten und die Sozialsteuer entrichten, dann sind sie eure Brüder in der Religion..."* (at-Tawbah, 9/11) verkündet. Somit wird darauf hingewiesen, dass die Ibadah der Sozialsteuer ein kennzeichnender Bestandteil des Muslim-Seins ist. Dementsprechend verkündete der Prophet (saw.)[5] mit dem Hadith *„Der Islam wurde auf fünf Grundsätzen erbaut; zu bezeugen, dass es keinen Gott außer Allah gibt und dass Muhammed der Gesandte Allahs ist, das Ritualgebet rechtmäßig zu verrichten, die Sozialsteuer zu vergeben, zu pilgern*

---

3 Die Söhne des Propheten Yakub und diejenigen von seiner Sippe werden als *die Söhne Israels* bezeichnet.

4 Als *Muschrik* (pl. *Muschrikun*) wird eine Person bezeichnet, die Allah andere beigesellt und anderen Personen oder Dingen außer Ihm dient.

5 (saw.) ist die Abkürzung für *„Sallallahu alayhi wa sallam"* mit der Bedeutung *„Friede und Gruß sei mit ihm"*.

und im Ramadan zu fasten.", dass die Zakah eine der fünf Grundlagen des Islams ist.

Die Sozialsteuer wurde im zweiten Jahr der *Hidschrah*[6] in Medina zum *Fardh*[7] erklärt. Im heiligen Koran wird diesbezüglich *„Und verrichtet das Ritualgebet, entrichtet die Sozialsteuer…"* (al-Baqara, 2/43, 110), *„Nimm von ihrem Besitz ein Almosen, mit dem du sie rein machst und läuterst, und bete für sie, denn dein Gebet ist für sie eine Beruhigung. Allah ist Allhörend und Allwissend."* (at-Tawbah, 9/103) verkündet.

Damit die Zakah, deren Entrichtung für den Reichen eine Pflicht ist, bei Allah Akzeptanz findet, muss die Person, die Zakah entrichtet, die Person, die Zakah annimmt, und der Besitz, von welchem die Zakah geleistet werden soll, bestimmte Bedingungen erfüllen.

---

6 Die *Hidschrah* bezeichnet die Auswanderung/Flucht des Propheten Muhammed (saw.) von Mekka nach Medina im Jahr 622.

7 *Fardh* beschreibt alle religiösen Verpflichtungen, deren absolute Verbindlichkeit durch bestimmte Beweise nachgewiesen und begründet sind. In dieser Hinsicht gehören alle religiösen Verpflichtungen die durch Allah und Seinen Gesandten (saw.) dem verpflichteten Muslim auf eine deutliche und verbindliche Art und Weise aufgelegt wurden, zu den *Fara'id* (Plural des *Fardh*).

DIE BEDINGUNGEN DES ZAKAH

Die Bedingungen für die Verpflichtung zur Zakah-Abgabe

Damit eine Person zur Abgabe der Sozialsteher verpflichtet werden kann, muss sie Muslim sein, geistig gesund und zurechnungsfähig sein (*akil*), die Pubertät erreicht haben (*baligh*) und frei sein. Zudem muss sie nach Abzug ihrer Schulden und ihrer Grundbedürfnisse einen Besitz oder ein Vermögen in der Menge des *Nisab*-Betrags besitzen, das praktisch oder theoretisch vermehrungsfähig (*nami*), also gewinneinbringend ist. Aus diesem Grund besagten die Islam-Gelehrten bei der Verkündung der Verpflichtungsbedingungen für die Zakah, dass ein Teil dieser Bedingungen durch den *Mukallaf*[8], also den Verpflichteten, und ein Teil durch den Besitz erfüllt werden müssen.

---

8 Im Islam beschreibt die *Mukallafiyya* die religiöse Haftung/Belangbarkeit einer Person. Wer im Islam als haftpflichtig gilt, ist verpflichtet die Gebote und Verbote der Religion einzuhalten. Hierfür muss er geistig gesund und zurechnungsfähig sein (*akil*) und die Pubertät erreicht haben (*baligh*). Menschen, die im Besitz dieser Eigenschaften sind, werden *Mukallaf* („der Verpflichtete") genannt.

Die Bedingungen, die der Mukallaf (Verpflichtete) erfüllen muss

Muslim zu sein

Im heiligen Koran werden sowohl muslimische Frauen als auch muslimische Männer dazu aufgefordert, Zakah zu entrichten. In den Ahadithen wiederum wird geäußert, dass die Zakah von reichen, wohlhabenden Muslimen bezogen wird. Denn der Islam spricht hinsichtlich der Glaubenspraxen lediglich den glaubenden Menschen an und legt ihm gemäß diesen Glaubens Verantwortungen auf. Folglich ist die erste Bedingung der Zakah, wie auch bei anderen Verpflichtungen, dass der Verpflichtete ein Muslim ist. Nicht-Muslime sind nicht zu Glaubenspraxen wie dem Ritualgebet, dem Fasten, der Pilgerfahrt und der Sozialsteuer verpflichtet.

Akil-Baliqh zu sein

Personen, die nicht zurechnungsfähig sind und die Pubertät nicht erreicht haben, sind in religiöser Hinsicht nicht verpflichtet und müssen folglich auch keine Zakah entrichten. Doch gemäß dem Vers „*und (sie gestanden) an ihrem Besitz dem*

Bettler und dem Unbemittelten ein Anrecht (zu)." (adh-Dhariyat, 51/19) und aufgrund der Tatsache, dass die Zakah, welche als „die Schuld des Reichtums" bezeichnet werden kann, einen sozialen Aspekt hat, können die Erziehungsberechtigten und Vormünder von reichen Kindern und geistig Kranken von deren Vermögen Zakah entrichten.

Reich zu sein

Während der Islam die Muslime zur Verrichtung von Glaubenspraxen verpflichtet, berücksichtigt er auch ihre körperlichen, geistigen und finanziellen Umstände. In anderen Worten beachtet er, ob sie die Fähigkeit und Kompetenz besitzen, die Ibadah zu verrichten oder nicht. Die Zakah, welche eine Ibadah ist, die mit dem Besitz verrichtet wird, zu vollbringen, ist lediglich durch finanzielle Mittel möglich. Hierfür bestimmte der Prophet Muhammed das Maß, ab dem eine Person religiös gesehen als reich gilt, und die Besitztümer, die der Zakah unterliegen. Dieses Maß beziehungsweise dieser Betrag wird „*Nisab*" genannt.

Frei zu sein

Die Zakah ist eine Ibadah, die von Personen im Besitz finanzieller Mittel vollbracht wird. Um finanzielle Mittel zu besitzen, muss der Mensch ein Verfügungs- und Eigentumsrecht besitzen. In dieser Hinsicht wurden Menschen, deren Unabhängigkeit beschränkt ist oder die ihrer Freiheit beraubt wurden, nicht zur Zakah-Abgabe verpflichtet.

Die Bedingungen, die der Besitz erfüllen muss

Dass der Besitz das rechtmäßige Eigentum des Besitzers ist

Ein Besitz zählt dann als „völliges Besitztum" (al-Milku't-Tam), wenn der Eigentümer über diesen Besitz selbst und über jeglichen Nutzen/Vorteil, der aus diesem Besitz erzielt wird, unbegrenzt verfügen kann und kein anderer ein Recht über diesen Besitz besitzt. Demnach besteht keine Verpflichtung zur Zakah-Abgabe für Besitztümer, die – egal auf welche Weise – nicht mehr als der Besitz einer Person gelten, solange dieser Besitzer sie sich nicht erneut aneignet.

Dass der praktisch oder theoretisch vermehrungsfähig (nami) ist

Damit ein Besitz der Zakah-Pflicht unterliegt, muss er seinem Besitzer Gewinn und Nutzen bringen. Dies hingegen geschieht durch eine wahrhaftige Vermehrung, wie beispielsweise bei Tieren durch die Geburt und bei Handelsgütern durch den Handel. Dass Güter von sich aus die Eigenschaft besitzen, *takdiri*[9] zu steigen, wird auch unter diesen Umständen gewertet.

Dass der Besitz den Nisab-Betrag erreicht

Nisab ist ein Maß des Reichtums, das für Ibadah wie Zakah, Sadaqah al-Fitr[10] und Qurban (die Opferung) bestimmt wurde. Nisab kann auch als „Mindestgrenze, um als reich zu gelten" oder „Mindestbetrag des Reichtums" definiert werden. Eine Person, die nach Abzug ihrer Schulden und Grundbedürfnisse einen Besitz oder ein Vermögen im Betrag des Nisab besitzt, zählt in religiöser Hinsicht als reich. Eine Person in dieser Situation entrichtet die Sadaqah al-Fitr und opfert das Qurban,

---

9 *Takdiri* bedeutet „nicht sichtlich, jedoch nominal".
10 *Sadaqah al-Fitr* ist eine Art der Spende, die am Ende des Fastenmonats Ramadan an Arme und Bedürftige verteilt wird. Die Entrichtung der Sadaqah al-Fitr ist Wadschib für jeden Muslim, der in religiöser Hinsicht als reich gilt.

ohne darauf zu achten, welche Art und Beschaffenheit ihr Besitz hat oder ob ein Jahr seit dem Besitz des Eigentums vergangen ist. Wenn dieser Besitz, der das Nisab-Maß erreicht, vermehrungsfähig (nami) ist und ein Jahr seit dem Besitz vergangen ist, so muss die Person hiervon die Zakah entrichten. Die Nisab-Mengen wurden vom Propheten Muhammed (saw.) für jede Art des Besitztums einzeln bestimmt.

Dass der Besitz mehr als die Grundbedürfnisse beträgt

Ausgehend vom Vers „*...sie fragen dich, was sie (als Spende) abgeben sollen. Sag: Den Überschuss...*" (al-Baqara, 2/219) wurde bestimmt, dass die Person - um zur Abgabe der Zakah und der Sadaqah al-Fitr verpflichtet zu sein - über einen Besitz verfügen muss, der die Nisab-Grenze überschreitet und mehr als ihre Grundbedürfnisse beträgt. Gegenstand der Grundbedürfnisse ist alles, was die Person benötigt, um ihr eigenes Leben und das Leben derer, für deren Versorgung sie verantwortlich ist, weiterzuführen. Diese sind in der Regel Ausgaben für Unterkommen, Unterhalt (Ausgaben für Nahrung, Kleidung und

Gesundheit), Transportmittel, Bildung, Haushaltsgegenstände, Mittel und Werkzeuge für Handwerk und Beruf, Bücher, Sicherheitsmittel und andere Ausgaben wie für Strom, Wasser, Brennstoff und Monatsbeiträge. Wenn der Besitz einer Person nach all dem Aufgezählten die Nisab-Menge erreicht, so muss sie Zakah entrichten.

Dass ein Jahr über den Bestand des Besitzes vergeht

Die muslimischen Gelehrten, die den Hadith *„Solange nicht ein qamari Jahr*[11] *(Mondjahr) vergangen ist, so gibt es für diesen Besitz keine Zakah."* (Ibn Madscha, Zakah, 5) des Propheten und die Praxis der *Khulafa-i Raschidin*[12] als Grundlage verwenden, stellen die Bedingung, dass bei Gütern wie Gold-Silber-Geld, Handelsgütern und Tieren ein qamari Jahr über deren Bestand vergangen sein muss (Hawalan al-Hawl), damit die Zakah von diesen entrichtet wird.

---

[11] Die einjährige Zeitspanne, die nach dem Lauf des Mondes vergeht, wird *qamari Jahr* genannt.
[12] Als *Khulafa-i Raschidin* werden die ersten vier Kalifen nach dem Propheten (saw.) bezeichnet: Abu Bakr, Umar, Uthman und Ali.

Bei dieser Verjährung wird der anfängliche und letztendliche Zustand der Ware berücksichtigt, die Zu- und Abnahme im Laufe des Jahres wird hierbei nicht berücksichtigt. Im Falle, dass nach Ablauf eines Jahres wieder eine Ware der gleichen Art im Besitz ist, wird die Verjährungsbedingung nicht gestellt, und die Zakah muss sowohl für die vorherige als auch für diese Ware entrichtet werden.

Da die Zakah für Bodenerzeugnisse zur Erntezeit entrichtet wird, wurde für diese Waren keine Verjährungsbedingung gestellt. Auch die Zakah für Mineralien und Schätze wird zu der Zeit entrichtet, zu der diese aufgefunden werden, und es muss kein Jahr über deren Bestand vergehen.

Von welchen Waren wird die Zakah vergeben?

Die Arten und Mengen der Waren, von denen Zakah entrichtet wird, werden in der Regel unter folgenden Kategorien behandelt:

Gold und Silber

Der Prophet Muhammed (saw.) bestimmte die Nisab-Menge für Gold als 20 *Mithqal*, für Silber als 200 *Dirham* und den Zakah-Anteil dieser Waren als ein Vierzigstel (2,5%). Der heutige Gegenwert für 20 Mithqal Gold ist 80,18 Gramm und für 200 Dirham Silber 561,2 Gramm. Dementsprechend muss für Gold und Silber unter dieser Menge keine Zakah entrichtet werden.

Münzen und Scheine

Münzen und Scheine der heutigen Zeit werden als Handelsware gewertet. Wenn demnach eine Person nach Abzug ihrer Schulden Geld im Wert von 80,18 Gramm Gold oder 561,2 Gramm Silber besitzt, so muss sie zum Jahresende hiervon ein Vierzigstel (2,5%) als Zakah abgeben.

Gold- und Silberschmuck

Schmuckgegenstände neben Gold und Silber unterliegen – solange sie keinen Handelszwecken dienen – keiner Zakah-Abgabe. Gold- und Silberschmuck hingegen unterliegt, wenn ihre Menge 80,18 Gramm oder mehr beträgt und ein Jahr vergangen ist, laut den Hanafiten (der hanafitischen Rechtsschule) der Zakah. Die Gelehrten der Schafi-, Maliki- und Hanbali-Rechtsschulen wiederum werten die Schmuckstücke, die Frauen gewöhnlich tragen und nutzen, als Grundbedürfnis, weshalb sie hierfür keine Zakah-Abgabe vorsehen.

Groß- und Kleinvieh

Kamele, Rinder und Schafe unterliegen der Zakah-Abgabe. Die Nisab-Menge für Kamele liegt bei 5, für Schafe oder Ziegen bei 40 und für Vieh/Rinder bei 30. (Ibn Madscha, Zakah, 11, 12, 13; Abu Dawud, Zakah, 5) Wenn diese Tiere, die der Zakah unterliegen, die Nisab-Menge erreichen und ein Jahr über ihren Bestand vergeht, so muss von ihnen Zakah entrichtet werden. Damit jedoch die genannten Tiere der Zakah unterliegen, müssen sie den Großteil des Jahres weiden und sie dürfen nicht als Wirt-, Acker- oder Transporttiere genutzt werden.

Handelsware

Waren, die für Gewinn gekauft und verkauft werden, werden „Handelswaren" genannt. Wenn die Menge der Handelsware den Wert von 80,18 Gramm Gold erreicht oder überschreitet und wenn ein Jahr seit dem Besitz vergangen ist, so unterliegt die Ware der Zakah-Pflicht. Bei der Entrichtung der Zakah von Handelswaren wird am Ende des Jahres der Kostenwert der Waren im Besitz berechnet, falls vorhanden, werden die Schulden von diesem Betrag abgezogen und ein Vierzigstel des Gesamtwerts wird *ayni*[13] oder *naqdi*[14] als Zakah entrichtet.

Agrarerzeugnisse

Auch Agrar-/Bodenerzeugnisse unterliegen der Zakah-Pflicht. Die Zakah für landwirtschaftliche Erträge wird *Uschr* genannt. Wenn das erhaltene Erzeugnis nach Abzug der für die Produktion gemachten Ausgaben die Nisab-Menge erreicht, so wird von Erzeugnissen von Äckern, die auf natürliche Weise bewässert werden, ein Zehntel und von Erzeugnissen von Äckern, die künstlich bewässert werden (mit Eimern, Pumpen, Wassermotoren etc.) ein Zwanzigstel als Zakah entrichtet.

Mineralien

Mineralien, die der Zakah-Pflicht unterliegen, werden hauptsächlich unter drei Kategorien bewertet: Mineralien, die im Feuer schmelzen: Von diesen Mineralien

---

13 *Ayni* bedeutet, die Auszahlung nicht mit Geld, sondern mit Ware oder einer Dienstleistung zu machen.
14 *Naqdi* beschreibt die Auszahlung in Form von Geld.

werden 20% (ein Fünftel) als Zakah abgegeben. Für Mineralien, die im Feuer nicht schmelzen, und flüssige Mineralien hingegen muss keine Zakah entrichtet werden. Jedoch müssen Betreiber von flüssigen Mineralien wie Erdöl ihre Zakah entrichten, wenn der Gewinn, den sie von diesen erhalten, die Nisab-Menge erreicht.

Meeresfrüchte

Da Meeresfrüchte in der heutigen Zeit eine wichtige Nahrungsquelle darstellen und als Handelsgüter bewertet werden, unterliegen sie, wenn die Nisab-Menge erreicht ist, der Zakah-Pflicht.

Ertragsfähige Gewerbe-, Produktions-, Bau- und Transportmittel

Ein Teil der Zakah-pflichtigen Waren wurden zusammen mit ihrem Gewinn, den sie einbringen, gewertet, während ein anderer Teil lediglich über den Gewinn, den sie einbringen, gewertet wurde. Wenn der Nisab-Betrag dieser Waren erreicht wird und ein Jahr seit dem Bestand vergangen ist, muss eine Zakah im Anteil von 2,5% entrichtet werden. Fahrzeuge, Material und Maschinen, die in der Industrie benutzt werden, wurden von der Zakah-Pflicht freigestellt; falls aber der

Gewinn, der mit diesen eingenommen wird, die Nisab-Menge erreicht und ein Jahr darüber vergangen ist, muss auch für diesen Gewinn die Zakah entrichtet werden.

Bei diesen Beurteilungen berücksichtigten die islamischen Gelehrten die Grundbedürfnisse des Menschen und ob die Waren vermehrungsfähig sind oder nicht. In diesem Zusammenhang erklärten sie, dass die Unterkunft, Transportmittel und Handwerks-/Berufsmaterialien, welche zu den Grundbedürfnissen zählen, nicht Zakah-pflichtig sind; dass jedoch für Wohnungen, Wohnhäuser und andere ertragsfähige Mittel, die über den Grundbedürfnissen liegen und vermehrungsfähig sind, Zakah entrichtet werden muss.

Lohn, Verdienst und freiberufliche Erträge

Auch der Lohn/Verdienst, der als Gegenleistung für eine Arbeit oder eine Dienstleistung erlangt wird, und der Gewinn, der durch die Ausübung eines gewissen Wissens oder eines Berufs erzielt wird, zählen als Einkommensquellen. Dementsprechend muss für Einkommen durch Dienstbezüge und Arbeitslöhne sowie von Einkommen im öffentlichen Dienst oder dem Privatsektor (zum

Beispiel das Einkommen eines Arztes, eines Ingenieurs, eines Schneiders, eines Frisörs etc.) Zakah entrichtet werden, wenn die Nisab-Menge erreicht wird und ein Jahr seit dem Bestand des Einkommens vergangen ist.

Aktien

Da Aktien wie Gelder gewertet werden, unterliegt sowohl der erzielte Gewinn als auch das Kapital der Zakah-Pflicht. In dieser Hinsicht wird für Aktien, die die Nisab-Bedingung und alle anderen Bedingungen erfüllen, gemäß ihrem Verkehrswert ein Anteil von 2,5% als Zakah entrichtet.

Ausstehende Forderungen

Forderungen, die die Nisab-Menge erreichen, werden hinsichtlich der Zakah-Pflicht in drei Kategorien aufgefasst: hoch, mittelmäßig und gering. Bei Forderungen, deren Rückzahlungswahrscheinlichkeit mittelmäßig oder gering ist, muss die Zakah der vergangenen Jahre nicht entrichtet werden. Die diesbezügliche Zakah wird entrichtet, wenn die Forderungen eingezahlt werden und ein Jahr vergangen ist. Forderungen hingegen, deren Rückzahlungswahrscheinlichkeit

Absicht (Niyah) und Aufrichtigkeit (Ihlas) sind für alle Ibadah und Taten eine Bedingung für ihre Akzeptanz bei Allah.

hoch sind, sind Gelder, die geliehen wurden, die die Gegenleistung einer gewissen Handelsware sind und deren Rückzahlung sicher ist. Wenn die Verschuldeten deutlich besagen, dass sie diese auszahlen werden, so muss der Gläubiger für diese Forderungen jedes Jahr Zakah entrichten.

Gültigkeitsbedingungen

Damit die entrichtete Zakah bei Allah Gültigkeit findet, also Sahih[15] ist, müssen bestimmte Bedingungen erfüllt werden:

Niyah (Absichtsbekundung)/Aufrichtigkeit

Absicht (*Niyah*) und Aufrichtigkeit (*Ihlas*) sind für alle Ibadah und Taten eine Bedingung für ihre Akzeptanz bei Allah. Denn das Wesen der Religion ist die Aufrichtigkeit. (Muslim, Iman, 95) Im heiligen Koran wird betont, dass Aufrichtigkeit, eine ehrliche Absicht und Taqwa[16] die primäre Gültigkeitsbedingung aller Ibadah wie des Ritualgebets, des Fastens, der Pilgerfahrt, der Zakah und des Qurbans

---

15 Die Ibadah, welche gemäß den Bedingungen und Regeln verrichtet wird, wird als *Sahih* beschrieben.
16 *Taqwa* ist die Sorgfalt hinsichtlich der Einhaltung von religiösen Geboten und Verboten.

DIE SOZIALSTEUER – DIE VERSICHERUNG DES LEBENS UND DES BESITZES

ist. (al-Hadsch, 22/37) Auch der Prophet Muhammed (saw.) besagte mit dem Hadith *„Verrichtete Taten werden nach ihren Absichten gewertet. Jeder wird die Gegenleistung seiner Taten gemäß seiner Absicht erhalten."* (Bukhari, Badu'l-Wahiyy, 1), dass der Kern der Religion Aufrichtigkeit und *Ihlas*[17] ist. Die Verkündung, dass eine Person, wenn ihre Absicht auf das Wohlgefallen Allahs abzielt, nicht nur für ihre vollführten Taten, sondern auch für die Taten, die sie beabsichtigt hatte, aber nicht vollführen konnte, belohnt wird, (Bukhari, Riqaq, 31; Muslim, Iman, 207) legt offen dar, welch großen Wert die gute Absicht und die Aufrichtigkeit im Islam besitzen.

So wie bei anderen Glaubenspraxen besitzt auch bei der Zakah die gute Absicht und die Aufrichtigkeit, die auf dem Wohlgefallen Allahs basieren, Priorität hinsichtlich der Akzeptanz der Ibadah. Aus diesem Grund müssen wohlhabende Muslime, wenn sie ihre Zakah an Unbemittelte abgeben oder wenn sie für die Zakah einen Teil ihres Besitzes zur

---

17 *Ihlas* beschreibt in der islamischen Ethik die Eigenschaft eines Muslims, nach der er in all seinen Handlungen und Worten lediglich das Wohlgefallen Allahs beabsichtigt.

Seite legen, diese Ibadah vom tiefsten Herzen beabsichtigen.

Tamlik

Eine weitere der Gültigkeitsbedingungen bei der Zakah ist *Tamlik*. Tamlik bedeutet, dass die Eigentumsrechte der Ware, die als Zakah entrichtet werden soll, oder des Bargelds in den Besitz derjenigen übergeht, die zum Empfang der Zakah berechtigt sind. Der im Vers *„Entrichtet die Zakah (die Sozialsteuer)."* (al-Baqara, 2/43; al-Muzzammil, 73/20) vorkommende Befehl *„entrichtet"* bedeutet, dass das Eigentumsrecht an die Gegenseite übergehen soll.

So wie die Zakah an die im heiligen Koran genannten Personen (at-Tawbah, 9/60) persönlich übergeben werden kann, können die Zakah und die Sadaqah al-Fitr auch an vertrauenswürdige Organisationen, Institutionen und Hilfsorganisationen gegeben werden, die diese in hierfür bestimmten Fonds sammeln und sie an die Zakah-berechtigten Menschen weitergeben. In beiden Fällen wird die Tamlik-Bedingung erfüllt, womit die Zakah gültig ist.

Legitimer (halal) Erwerb

Von nicht legitimen (haram) Einkünften kann keine Zakah entrichtet werden. Wer im Besitz eines solchen Vermögens ist, muss dieses gänzlich den rechtmäßigen Besitzern aushändigen.

Im heiligen Koran wird allen Muslimen, allen voran den Propheten, befohlen, ihren Erwerb auf legitimen Wegen zu verdienen. Außerdem wird betont, dass die Dienerschaft an Allah durch das Leben mit reinen Lebensmitteln geleistet werden kann: *"Oh ihr Gesandten! Esst von den guten Dingen und handelt rechtschaffen. Gewiss, Ich weiß über das, was ihr tut, Bescheid."* (al-Mu'minun, 23/51), *"Oh die ihr glaubt! Esst von den guten Dingen, mit denen Wir euch versorgt haben, und seid Allah dankbar, wenn ihr Ihm (allein) dient."* (al-Baqara, 2/172) Nachdem der Gesandte Allahs (saw.) diese Verse rezitierte, wies er mit folgenden Worten auf den wichtigen Einfluss des legitimen Erwerbs und der legitimen Versorgung bei der Akzeptanz der Glaubenspraxen hin: *"Eine Person begeht auf dem Wege Allahs lange Reisen. Mit aufgewühltem Haar und mit Staub bedeckt öffnet er seine Hände gen Himmel und betet: "Oh mein Herr! Oh mein Herr!" Dabei ist das, was er isst, haram; das,*

So wie die Reinigung durch die rituelle Gebetswaschung für das Ritualgebet nötig ist, ist für die Zakah erforderlich, dass der Erwerb auf legitime Art und Weise erlangt wurde.

was er trinkt, haram; das, in das er sich kleidet, haram. Wie kann das Gebet eines solchen angenommen werden!" (Muslim, Zakah, 65) Wiederum gab er bekannt, dass die Zakah und die Sadaqah[18] (Spende) nur dann Akzeptanz findet, wenn sie von legitimen und reinen Besitztümern entrichtet wird: *„Allah nimmt die Sadaqah, die von einem (haram) Besitz entrichtet werden, der unrechtmäßig von einer Beute erzielt wurde, und das Ritualgebet, das ohne rituelle Gebetswaschung verrichtet wird, nicht an."* (Abu Dawud, Taharah, 31) So wie die Reinigung durch die rituelle Gebetswaschung für das Ritualgebet nötig ist, ist für die Zakah erforderlich, dass der Erwerb auf legitime Art und Weise erlangt wurde.

---

18 *Sadaqah* beschreibt alle Gaben und Wohltaten an Bedürftige für das Wohlgefallen Allahs und ohne die Erwartung einer Gegenleistung.

AN WEN DARF ZAKAH VERTEILT WERDEN?

Im 60. Vers der Surah at-Tawbah wird wie folgt verkündet, an wen die Zakah und Sadaqah al-Fitr vergeben werden kann: *„Die Almosen (Zakah) sind als eine Verpflichtung von Allah nur für die Armen, die Bedürftigen, diejenigen, die damit beschäftigt sind, die Zakah einzusammeln, diejenigen, deren Herzen mit dem Islam vertraut gemacht werden sollen, (den Loskauf von) Sklaven, die Verschuldeten, diejenigen auf Allahs Weg und (für) den Sohn des Weges..."* (at-Tawbah, 9/60)

Arme und Bedürftige

Der im oben aufgeführten Vers, der verkündet, an wen die Zakah entrichtet werden kann, genannte Begriff „Arme" beschreibt diejenigen, die neben ihren Bedürfnissen keinen Besitz über der Nisab-Menge besitzen, während der Begriff „Bedürftige" diejenigen beschreibt, die nichts besitzen und selbst für ihre Versorgung und ihre Bekleidung andere um Hilfe anflehen müssen. Auch Alte, Schwache, Menschen, die sich gänzlich der Bildung und dem Lehren gewidmet haben, Schüler und Ausbilder, die erwerbsunfähig sind, sind in der Bezeichnung „Arme und Bedürftige" mitinbegriffen.

Dass bei der Aufzählung der Zakah-Empfänger im heiligen Koran an erster Stelle die Armen und Bedürftigen genannt werden, zeigt, dass die Lösungssuche für das Armutsproblem in der Gesellschaft Priorität besitzt.

Zakah-Beauftragte

Die Zakah kann auch an Beauftragte gegeben werden, die zur Aufgabe haben, die Zakah einzusammeln sowie sie an rechtmäßige Empfänger zu verteilen, und die in verschiedenen Positionen in Zakah-Organisationen arbeiten, die für diesen Zweck gegründet wurden. Der Betrag, der an Arbeiter in Zakah-Tätigkeiten vergeben wird, ist der Lohn, den diese im Gegenzug für diese Tätigkeiten bekommen. Auch wenn sie reich sind, wird ihr Lohn von diesen Fonds gezahlt.

Muallafah al-Qulub

Muallafah al-Qulub gehört zu den Menschen-Kategorien, an die Zakah entrichtet werden kann, und bezeichnet „Personen oder Gruppen, deren Herzen mit dem Islam vertraut gemacht werden sollen oder vor deren Übel Sicherheit gewährleistet werden soll oder von denen erhofft wird, dass sie den Muslimen nützlich und hilfreich sind". Die Muallafah al-Qulub können sowohl Menschen, die den Islam neu angenommen haben, als auch nichtmuslimische Menschen sein.

Mit dem Gewinnen der Herzen von Nichtmuslimen wird darauf abgezielt, dass sie selbst oder diejenigen, die sich ihnen unterordnen, den Islam annehmen oder dass Schaden und Übel, die von ihnen oder ihren Nächsten kommen könnten, abgewehrt werden. Indem denjenigen, die den Islam neu angenommen haben, Zakah vergeben wird, wird angestrebt, dass diejenigen mit schwachem Glauben auf den Islam beharren, sich mit den Muslimen zusammenschließen und im Interesse der islamischen Gemeinschaft handeln.

Leibeigene/Menschen, deren Freiheit geraubt wurde

Die Leibeigenschaft (*Rikab*), die seit alten Zeiten besteht, ist kein Umstand, den der

Islam vorsieht oder fördert. Der Islam zielte darauf hinaus, das Sklavensystem, das zu der Zeit, als der Islam offenbart wurde, in Kraft war, auf dem *Tadridsch*[19]- Weg fortzuschaffen und traf hierfür grundlegende Maßnahmen. Wie auch der Gesandte Allahs (saw.) äußerte, sind alle bei Allah hinsichtlich ihrer Menschenwürde gleich und die Überlegenheit ist lediglich dadurch möglich, dass der Mensch sein Pflichtbewusstsein gegenüber Allah vertieft. (Ibn Hanbal, V, 411; al-Hudschurat, 49/13)

Der heilige Koran forderte von den Gläubigen, dass sie ihren Leibeigenen Gutes taten (an-Nisa, 4/36), empfahl ihnen, dass sie Kriegsgefangene unentgeltlich oder gegen ein Lösegeld frei ließen (Muhammed, 47/4), und erinnerte daran, dass der Freikauf von Leibeigenen, also Menschen ihre Freiheit zurückzugeben, bei Allah eine große Tugend ist. (al-Balad, 90/13) Auf diesem Wege wurde dazu angeregt, Leibeigene zu freien Individuen zu erziehen und sie in die Gesellschaft zu integrieren. Um diese Wirkung zu verstärken, wurde in dieser Zeit für die Sühne von Strafen der Freikauf

---

19 *Tadridsch* bedeutet, dass die göttlichen Bestimmungen stufenweise verhängt werden.

von Leibeigenen zu einer religiösen Verbindlichkeit erklärt. Der Prophet Muhammed (saw.), der diesbezüglich „*Eure Leibeigenen sind eure Geschwister!*" (Bukhari, Iman, 22) sprach und die Muslime an die Rechte der Leibeigenen erinnerte, wies in vielen seiner Ahadithe auf die jenseitigen Errungenschaften hin, die mit der Entlassung von Leibeigenen eingehen werden. (Bukhari, ʿItq, 1, 16, f.)

Für diejenigen, die ihre Freiheit mit Geld erkaufen und sich von der Leibeigenschaft befreien wollen, bietet neben der Sühneleistung (*Kaffarah*) auch die Zakah eine wichtige finanzielle Stütze. Dass im Koranvers betont wird, dass die Leibeigenen, die ihrer Freiheit beraubt wurden, eine der acht Gruppen bilden, an die die Zakah entrichtet werden kann, zeigt, welch große Bemühung der Islam leistete, damit versklavte Menschen ihre Freiheit erlangten.

Verschuldete

Die Zakah kann zudem an Verschuldete entrichtet werden. Indem dem Verschuldeten so viel Zakah vergeben wird, wie er benötigt, wird ihm dazu verholfen, dass er seine Schulden abbezahlen kann.

DIE SOZIALSTEUER – DIE VERSICHERUNG DES LEBENS UND DES BESITZES

Denn dem Islam liegt die Hilfeleistung zwischen und der Zusammenhalt unter den Muslimen zugrunde und der Gesandte Allahs sagte: „...*Wer einem Verschuldeten eine Erleichterung gewährt, dem wird Allah im Diesseits und im Jenseits seine Angelegenheiten erleichtern...*" (Muslim, Dhikr, 38) Diejenigen, die sich verschulden und weniger als die Nisab-Menge an Vermögen besitzen, gelten als „Verschuldete". Die Zakah kann an Personen entrichtet werden, die sich aufgrund von verschiedenen Ausgaben wie für Unterkunft, Unterhalt, Versorgung, Bildung, Gesundheit und Ehe verschuldeten, damit sie von diesen Sorgen loskommen können. Auf dieselbe Art und Weise kann die Zakah an Personen vergeben werden, die Naturkatastrophen wie Brand, Überschwemmung oder Erdbeben ausgesetzt waren und sich verschulden mussten, um ihre eigenen Bedürfnisse oder die ihrer Familien zu decken.

Menschen auf dem Wege Allahs

Eine weitere Menschengruppe, an die laut dem Koranvers Zakah entrichtet werden kann, die „Menschen auf dem

Wege Allahs", umfasst diejenigen, die jegliche Wohltaten (Salih Amal[20]), die einen Allah näherbringen, vollführen. In diesem Sinne können laut der Mehrheit der islamischen Rechtsgelehrten alle Ausgaben von Veteranen, die sich auf dem Weg Allahs abmühten, von der Zakah gedeckt werden. Nach manchen dieser Rechtsgelehrten kann die Zakah sogar an mittellose Schüler, die den heiligen Koran auswendig zu lernen versuchen, und an Schüler, die einer Bildung unterzogen werden, entrichtet werden. Kurzgefasst ist es möglich, das „auf dem Wege Allahs" Sein im weiteren Sinne zu interpretieren und für jegliche Dienstleistung und Tätigkeit, die dem Wohlgefallen Allahs entspricht und dem Allgemeinwohl dient, einen Zakah-Anteil zuzuweisen.

Reisende

Die Reisenden, die im heiligen Koran als „Ibn as-Sabil" bezeichnet werden, sind eine der acht Gruppen, an die Zakah

---

20 Alle dem heiligen Koran und der Sunnah (der vorgelebten Religionspraxis des Propheten Muhammed) entsprechenden Aussagen, Taten und Verhaltensweisen, die zugleich mit Ihlas und einer guten Absicht vollführt werden, zählen zu den Salih Amal.

DIE SOZIALSTEUER – DIE VERSICHERUNG DES LEBENS UND DES BESITZES

entrichtet werden kann. Diese Bezeichnung wird für Personen benutzt, die sich auf die Reise begeben, sich seit einer Weile auf der Reise befinden und von einer Heimat in eine andere reisen und dort verweilen. Falls das Geld dieser Menschen, egal ob sie reich sind oder arm, an dem Ort, an dem sie sich befinden, gestohlen wird, verloren geht oder auf irgendeine Weise abhandenkommt, und die Reisenden sich in einer bedürftigen Lage wiederfinden, so kann ihnen Zakah entrichtet werden. Jedoch kann sich nicht jeder Reisende Gebrauch von einer Hilfe wie der Zakah, die eine Ibadah ist, machen. In diesem Rahmen stellten islamische Gelehrte manche Bedingungen auf, damit die Reisenden Zakah erhalten können. Hierzu zählt zum Beispiel, dass die Reise für einen legitimen Grund - wie für das Erlangen von Wissen oder das Verrichten einer Ibadah wie der Pilgerfahrt - erfolgen muss, sodass dem Reisenden auf seiner Reise keine Möglichkeit bleibt, sich von jemandem Geld zu leihen, und dass er nicht genügend Geld besitzt, um die Rückreise in seine Heimat finanzieren zu können.

AN WEN DARF DIE ZAKAH NICHT ENTRICHTET WERDEN?

Dass die Zakah und die Sadaqah al-Fitr an andere Personen und Institutionen außer denen, die im 60. Vers der Surah at-Tawbah genannt wurden, entrichtet wird, ist nicht zulässig. Außerdem dürfen die Zakah-Pflichtigen, selbst wenn die Person, an die die Zakah entrichtet werden soll, diese Bedingungen erfüllt, an folgende Personen keine Zakah entrichten:

Eltern, Ehepartner und Kinder

Eine Person darf ihre Zakah nicht an Menschen wie ihre Eltern, ihre Großeltern, ihre Kinder und Enkel entrichten, für deren Versorgung sie ohnehin zuständig ist. Ebenfalls darf ein Mann seiner Ehefrau und eine Frau ihrem armen Ehemann keine Zakah entrichten. Denn die Person, die die Zakah entrichtet, darf die Zakah, die sie entrichtet, nicht selbst nutzen. Personen, die nicht zu *Usul*[21] und *Furu'*[22] zählen, also beispielsweise Geschwister,

---

21 *Usul* beschreibt die Vorfahren, angefangen von den eigenen Eltern, über die Großeltern und weiter.
22 *Furu'* beschreibt die Nachfahren, also die eigenen Kinder und Enkel, deren Kinder und weiter.

Onkel, Tanten und deren Kinder dürfen, wenn sie bedürftig sind, Zakah erhalten.

Nicht-Muslime

Da die Ibadah eine Verpflichtung ist, darf die Zakah nicht an Nicht-Muslime, an Menschen, die nicht an die Glaubensgrundsätze glauben, und an Menschen, die vom islamischen Glauben gefallen sind, (*Murtad*) entrichtet werden. Denn die Zakah ist ein Recht, das den bedürftigen Muslimen von der Religion aus anerkannt wurde. Nicht-Muslime sind hingegen nicht zur Zakah-Abgabe verpflichtet. Folglich ist es selbstverständlich, dass sie auch keinen Gebrauch von der gesammelten Zakah machen dürfen.

Reiche

Reiche sind zur Zakah-Abgabe verpflichtet. Dementsprechend dürfen sie selbst keine Zakah erhalten. Die Ahadithe *„Für den Reichen ist (das Erhalten von) Zakah nicht halal…"* (Abu Dawud, Zakah, 24); *„…Die Zakah wird von den Reichen entgegengenommen und den Armen gereicht."* (Bukhari, Zakah, 1) des Gesandten

Allahs bekunden diese Tatsache. In dieser Hinsicht darf die Zakah nicht an Personen entrichtet werden, die neben ihren Grundbedürfnissen und ihren Schulden ein Vermögen -egal ob dieses vermehrungsfähig ist oder nicht - in Nisab-Menge besitzen.

Die Verwandten des Propheten Muhammed (saw.)

Da der Prophet Muhammed (saw.) verbot, die Zakah an seine Sippe zu entrichten, darf die Zakah auch nicht an die *Banu Haschim* entrichtet werden. So sprach der Gesandte Allahs zu seinem Enkel Hasan, als dieser eines Tages eine der Datteln essen wollte, die als Zakah vergeben wurden: *„Lass es! Weißt du etwa nicht, dass wir kein Zakah-Gut essen dürfen?"* (Muslim, Zakah, 161) Zudem gibt es weitere Ahadithe, die verkünden, dass die Zakah nicht an den Propheten und seine Verwandten verrichtet werden kann. (Muslim, Zakah, 168 f.)

WAS IST BEI DER ZAKAH-ABGABE ZU BEACHTEN?

Die allgemeinen Verfahrens- und Anstandsregeln, die bei Wohltaten, Spenden oder der Zakah-Ibadah zu beachten sind, können wie folgt aufgeführt werden:

Vom wertvollen Besitz abzugeben

Von einem Muslim wird erwartet, dass er seine Zakah für das Wohlgefallen Allahs, Den er über alles liebt, von dem Besitz entrichtet, den er am meisten liebt und wertschätzt. Es wäre nicht angebracht, dass die Person bei der Entrichtung der Zakah etwas wählt, das sie selbst nicht mag oder nicht wertschätzt. Allah, Der im heiligen Koran „*Ihr werdet die Güte nicht erreichen, solange ihr (auf dem Wege Allahs) nicht von dem ausgebt, was euch lieb ist. Und was immer ihr ausgebt, so weiß Allah darüber Bescheid.*" (Al-i Imran, 3/92) und „*Oh die ihr glaubt! Gebt aus von den guten Dingen aus eurem Erworbenen und von dem, was Wir für euch aus der Erde hervorgebracht haben. Und sucht nicht zum Ausgeben das Schlechte davon aus, während ihr (selbst) es nicht nehmen würdet, ohne dabei ein Auge zuzudrücken. Und wisst, dass Allah Unbedürftig und Lobenswürdig ist."* (al-Baqara, 2/267) verkündet, fordert, dass die Gaben von den Gütern vergeben werden, die halal, rein und schön sind.

Bei der Abgabe zu eilen

Die Person, die eine Hilfeleistung erbringen möchte, sollte dies zur rechten Zeit tun und die Gelegenheit, die Zakah/Sadaqah zu entrichten, nicht versäumen. Denn die Zakah und Spenden, die nicht zu ihrer Zeit entrichtet werden, können für die Bedürftigen an Bedeutung verlieren. In dieser Hinsicht ermahnt Allah, der Erhabene, Seine wohlhabenden Diener und fordert sie dazu auf, ihren Pflichten rechtzeitig nachzukommen: *„Und gebt aus von dem, womit Wir euch versorgt haben, bevor zu einem von euch der Tod kommt und er dann sagt: ‚Mein Herr, würdest Du mich doch auf eine kurze Frist zurückstellen! Dann würde ich Almosen geben und zu den Rechtschaffenen gehören.' Allah wird aber keine Seele zurückstellen, wenn ihre Frist kommt. Und Allah ist Kundig dessen, was ihr tut."* (al-Munafiqun, 63/10-11) Einer Person, die zum Propheten (saw.) kam und ihn fragte „*Oh Gesandter Allahs! Für welche Spende (Sadaqah) gibt es größeren Lohn (Sawab[23])?*", antwortete er: „*Die Spende, die du vergibst, wenn du bei guter Gesundheit bist, wenn du am Besitz hängst, wenn du die Armut fürchtest und davon träumst, reich zu sein. (Deren Lohn ist größer.) Verzögere es (das Spenden) nicht auf die Zeit, in der du den Tod fürchtest und ‚Demjenigen so viel, diesem so viel.' sprechend deinen Erben verteilen wirst! Ohnehin ist dann dieser Besitz des einen oder anderen Erbfolgers Eigentum geworden.*" (Muslim, Zakah, 92)

Die diskrete Abgabe

Der Muslim versucht, bei der Entrichtung der Zakah und Sadaqah sowie bei jeglichen Wohltaten die Zurschaustellung zu vermeiden. Denn *Riya*[24] und Zurschaustellung tilgen den Lohn der Taten. Der im Verborgenen verrichtete Infak[25] hingegen verhindert, dass die Person gegenüber einem anderen

---

23 *Sawab* bedeutet Allahs Lohn/Belohnung bei Allah.
24 *Riya* bedeutet, die Taten und Glaubenspraxen, die für Allah verrichtet werden sollten, als Zurschaustellung für die Menschen zu vollführen.
25 *Infak* ist die Ausgabe vom eigenen Vermögen, um das Wohlgefallen Allahs zu erlangen.

überheblich wird oder dass die Person, der sie etwas spendet, ihr gegenüber in Befangenheit gerät. Somit wird auch die Würde und Ehre der Menschen, die Spenden empfangen, beschützt.

Im heiligen Koran wird wie folgt darauf hingewiesen, dass der geheime/diskrete Infak dem offenkundigen Infak überlegen ist: *„Wenn ihr Almosen offen zeigt, so ist es trefflich. Wenn ihr sie aber verbergt und den Armen gebt, so ist es besser für euch, und Er (Allah) wird etwas von euren bösen Taten tilgen..."* (al-Baqara, 2/271) Der Prophet (saw.) verkündete die frohe Botschaft, dass Allah die Muslime, die ihre Spenden im Verborgenen entrichten, am Jüngsten Tag vor der brennenden Hitze der Sonne beschützen wird. (Bukhari, Zakah, 16; Muslim, Zakah, 91)

Die Zakah offenkundig zu entrichten, wenn dies andere zur Spende anregen sollte

Auch wenn die Spenden grundlegend im Verborgenen gemacht werden sollten, können sie auch offenkundig vergeben werden, wenn dadurch die anderen Wohlhabenden der Gesellschaft die Zakah entrichtenden Personen als

Vorbild nehmen und ihre Zakah und Spenden entrichten. Hierfür gilt aber trotzdem, dass die Menschen Riya und die Zurschaustellung meiden. Im heiligen Koran wird dieser Umstand mit den Worten *„Wenn ihr Almosen offen zeigt, so ist es trefflich."* (al-Baqara, 2/271) gelobt; und in manch anderen Versen wird verkündet, dass es für diejenigen, die von den Gaben, die sie von Allah erhalten haben, in der Hoffnung auf Sein Wohlgefallen offenkundig und verborgen spenden, keine Furcht und keine Trauer geben wird (al-Baqara, 2/274) sowie dass diese Personen auf einen Verdienst hoffen können, der ihnen weder Schaden noch Verlust bringt. (al-Fatir, 35/29) Zudem besagte auch der Prophet (saw.), dass die offenkundige Spende für diejenigen, die einen vorbildhaften Platz in der Gesellschaft besitzen, vorzüglicher als die Spende im Verborgenen ist. (Bayhaqi, *Schu'ab al-Iman*, 5/376, Nr. 7012)

Beim Spenden sollte der Mensch beide Möglichkeiten gut überdenken und sich für die optimale Methode entscheiden. Denn welche dieser Möglichkeiten für die Person besser geeignet ist, kann von Individuum zu Individuum und von Ort zu Ort variieren.

Die Menschen bei der Abgabe nicht zu kränken

Einer der Gründe, warum im heiligen Koran betont wird, dass die Zakah das Recht der Armen und Bedürftigen ist (adh-Dhariyat, 51/19), ist zu verhindern, dass die Person, die die Zakah erhält, gekränkt wird, und die Person, die die Zakah vergibt, hochmütig wird. Denn die reiche Person übergibt mit der Zakah und der Sadaqah, die sie entrichtet, das Recht Allahs an die Armen, und die arme Person empfängt ihre Versorgung (Rizq) von Allah. Letztendlich ist die wohlhabende Person lediglich der Sachwalter eines Besitzes. Sie ist wie ein Mittler, die einen Teil des Besitzes, der ihr anvertraut wurde, an die Gegenseite überbringt.

Der wohlhabende Muslim muss beim Infak mit Vorsicht handeln und darf die Personen, an die er die Zakah vergibt, nicht kränken. In der Surah al-Baqara wird dieses grundlegende Moralprinzip in den folgenden Versen verkündet: *„Diejenigen, die ihren Besitz auf Allahs Weg ausgeben und hierauf dem, was sie ausgegeben haben, weder Vorhaltungen noch Beleidigungen nachfolgen lassen, die haben ihren Lohn bei ihrem Herrn.*

DIE SOZIALSTEUER – DIE VERSICHERUNG DES LEBENS UND DES BESITZES

Und keine Furcht soll über sie kommen, noch sollen sie traurig sein." (al-Baqara, 2/262), *„Freundliche Worte und Vergebung sind besser als ein Almosen, dem Beleidigungen nachfolgen…"* (al-Baqara, 2/263), *„Oh die ihr glaubt! Macht nicht eure Almosen durch Vorhaltungen und Beleidigungen zunichte, wie derjenige, der seinen Besitz aus Augendienerei vor den Menschen ausgibt und nicht an Allah und den Jüngsten Tag glaubt. So ist sein Gleichnis das eines glatten Steins mit Erdreich darüber: Ein heftiger Regenguss trifft ihn und lässt ihn nackt. Sie haben keine Macht über etwas von dem, was sie erworben haben…"* (al-Baqara, 2/264)

Wahrhaftige Muslime machen ihren erlangten Lohn nicht zunichte, indem sie diejenigen, denen sie spendeten, quälen oder ständig an die Wohltat, die sie vollführten, erinnern. Sie behandeln die Personen, denen sie Hilfe leisteten, äußerst freundlich und höflich. Sie sprechen *„Wir speisen euch nur um Allahs Wohlgefallen willen. Wir wollen von euch weder Belohnung noch Dank."* (al-Insan, 76/9) und erwarten die Gegenleistung ihrer Wohltaten einzig und allein von Allah.

DIE HIKMAH UND ERRUNGENSCHAFTEN DER ZAKAH

Die Zakah, welche eine finanzielle Ibadah ist, birgt sowohl in unserem individuellen Leben als auch im gesellschaftlichen Leben vielerlei Weisheiten/Hikmah[26] und Errungenschaften. Diese sind zugleich die Antwort auf die Frage, warum Zakah entrichtet werden sollte.

In Hinsicht auf die Zakah-abgebende Person

Die diesseitigen und jenseitigen Errungenschaften der Zakah, welche einer der fünf grundlegenden Glaubenspraxen des Islams ist, sind folgende:

Die Stärkung der Bindung des Menschen zu Allah

So wie bei den Ibadah, die mit dem Körper verrichtet werden, geht der Muslim auch bei den Ibadah, die mit dem Besitz verrichtet werden, gemäß dem Befehl seines Herrn seiner Aufgabe als Diener

---

26 *Hikmah* bedeutet „Auffassung", „Kenntnis der Wahrheit", „Denkvermögen", „das den Menschen Unbekannte" und „der Grund, dessen Mysterium vom Verstand nicht begriffen werden kann".

Allahs nach, indem er sein Vermögen lediglich für das Wohlgefallen Allahs spendet. Auf diese Weise bremst er die maßlose Liebe zum Besitz ab und stellt die Liebe zu Allah und das Wohlgefallen Allahs über alle anderen Lieben. So wie der Koranvers *„Oh die ihr glaubt! Nicht ablenken sollen euch euer Besitz und eure Kinder von Allahs Gedenken. Diejenigen, die dies tun, das sind die Verlierer."* (al-Munafiqun, 63/9) darauf hinweist, kümmert sich die Person einerseits um ihre Familie und geht Tätigkeiten nach, die ihr legitimen/halal Verdienst einbringen, und hält sich andererseits von jeglicher *Ghaflah*[27] fern, die die Wahrheiten des Lebens vergessen und das Bewusstsein der Dienerschaft für Allah schwinden lassen. Sie gibt den Bedürftigen die Zakah, die ihr Anrecht über ihrem Besitz und ihrem Vermögen ist.

---

[27] *Ghaflah* beschreibt die Unwissenheit bzw. Achtlosigkeit gegenüber der Wichtigkeit mancher weltlichen sowie *jenseitigen* Notwendigkeiten. Anders formuliert ist Ghaflah die Vergeudung der Zeit mit der Befolgung der Triebe und die Irrigkeit aufgrund mangelnder Achtsamkeit.

Der Dank an den wahrhaftigen Besitzer der Gaben

Was den Eigentümer wertvoll macht, ist, dass er die Gaben, die ihm zuteilwurden, wertschätzt und seinen Dank hierfür ausspricht, also dass er sich dem Anrecht des Armen und Bedürftigen bewusst ist und ihm sein Recht auszahlt. Anders ausgedrückt ist es die obliegende Pflicht des Menschen, Allah, dem wahren Besitzer aller Gaben, zu danken. Allah, der Erhabene, fordert von Seinen Geschöpfen, dass sie von den guten und reinen Dingen, mit denen Er sie versorgt, (*Rizq*) essen und Ihm danken (*Schukur*). (al-Baqara, 2/172)

Während die Undankbarkeit gegenüber dem wahren Besitzer der Gaben zum Schwund oder gänzlichen Verlust der Gaben (*Nimah*) führt, verleitet die Danksagung dazu, dass das Weltliche beschützt wird und sich mehrt und der Besitzer auch im Jenseits zur endlosen Glückseligkeit gelangt. Folglich dankt die Person, die ihre Danksagung an Allah ausspricht, zu ihrem eigenen Gunsten; die undankbare Person hingegen erhält im Gegenzug Sünden. Allah ist reich und Er ist auf niemandes Dank angewiesen.

Jedoch stellt Allah mit den Gaben, die Er gibt, die Menschen auf die Probe. (an-Naml, 27/40) In dieser Hinsicht sollte der Mensch die ihm zuteilgewordenen Gaben nicht verantwortungslos und grenzenlos ausnutzen und als Dank für jede Gabe eine Gegenleistung erbringen. Im heiligen Koran wird als beispielhaftes Verhalten aufgezeigt, dass der Prophet Dawud (as.)[28] und der Prophet Sulaiman (as.), obwohl sie einen großen Besitz und eine angesehene Stellung besaßen, bescheiden waren und ihre Dankbarkeit für die Gaben, die sie besaßen, Allah zeigten. (an-Naml, 27/15, 19)

Der Schutz vor dem Geiz

Geiz ist das Gefühl, das vom Menschen verlangt, dass er seinen Besitz einzig und allein selbst nutzt und niemand anderen nutzen lässt. Wenn der Mensch in die Gefangenschaft dieses Gefühls gerät, so denkt er lediglich an sich und kann jegliche Werte in dieser Sache aufopfern.

Geizige Menschen sind Personen, die Allah nicht liebt. Sie sind nicht nur selbst geizig, sondern weisen auch andere zum Geiz an. (an-Nisa, 4/37) Aus diesem Grund

---

[28] (as.) ist die Abkürzung für „*Alayhissalam*" mit der Bedeutung „*Gegrüßt sei er*".

tadelt der heilige Koran diejenigen, die geizig sind und die Waisen und Armen nicht versorgen, und betont, dass der Infak die richtige Handlungsweise ist. (al-Balad, 90/11-16) Wiederum beschreibt der heilige Koran die Muslime als Personen, die sich des Geizes und der Verschwendung fernhalten und maßvoll sind. (al-Furqan, 25/67)

Auch der Gesandte Allahs (saw.) mahnte seine Glaubensgemeinschaft (*Ummah*[29]) des Öfteren bezüglich des Geizes:

„Geiz und Glaube befindet sich niemals zur gleichen Zeit im Herzen eines Dieners Allahs." (Nasa'i, Dschihad, 8); *„Hütet euch vor dem Geiz, denn die vor euch gingen aufgrund des Geizes zugrunde. Der Geiz verleitete sie dazu, nicht zu geben, und sie gaben nichts, er verleitete sie dazu, der Verwandtschaft nichts Gutes mehr zu tun, und sie brachen ihre Beziehungen ab, er verleitete sie dazu, Sünden zu begehen (um Vermögen anzusammeln), und sie begingen Sünden."* (Abu Dawud, Zakah, 46)

Wenn die wohlhabenden Menschen mit ihren Zakah und Spenden die Bedürftigen

---

[29] Eine *Ummah* ist eine (Glaubens-)Gemeinschaft, deren Mitglieder an eine Religion, die ein Prophet kundgab, glaubt oder die Empfänger dieser Religion sind.

nicht berücksichtigen, so erregen sie die Wut und den *Hasad*[30] der Armen. Somit legitimieren die Menschen das Blutvergießen und das unrechtmäßige Einnehmen des Vermögens und des Besitzes anderer. Die Zakah ist eine Ibadah, die die Individuen vor der Besessenheit gegenüber dem Materiellen sowie vor dem Geiz beschützt. Wahre Muslime helfen – auch dann, wenn sie selbst bedürftig sind – weniger bemittelten Glaubensgeschwistern, beschützen sich mit dem Glauben und der Spende (Infak) vor dem Geiz und erlangen so die Erlösung.

Das Erlangen der Großzügigkeitstugend

Die Großzügigkeit war eine der Moraleigenschaften des Propheten und ist einer der Wege zur jenseitigen Erlösung. Die Tugend der Großzügigkeit kann mit einem vollkommenen Glauben erreicht werden. Im heiligen Koran wird dies wie folgt aufgezeigt: „*Und diejenigen, die in der Wohnstätte (Medina) und vor ihnen (vor den Muhadschirun*[31]*) zu Hause*

---

30 *Hasad* beschreibt das Beneiden der finanziellen oder geistlichen Möglichkeiten eines anderen.
31 Als *Muhadschir* wird eine Person bezeichnet, die in der Zeit des Propheten von Mekka nach Medina auswanderte.

waren und den Glauben in ihre Herzen eingelassen haben, lieben (all die,) die zu ihnen ausgewandert sind. Und sie empfinden in ihren Brüsten kein Bedürfnis nach dem, was (diesen) gegeben worden ist. Und sie ziehen (sie) sich selbst vor, auch wenn sie selbst Mangel erlitten..." (al-Haschr, 59, 9) Als Grund der Offenbarung dieses Verses wird folgendes Geschehnis genannt: Einer von den Gefährten kam zum Propheten und teilte ihm mit, er habe Hunger. Daraufhin sandte der Prophet (saw.) seinen Ehefrauen eine Nachricht. Jedoch erhielt er zur Antwort, dass zu Hause nichts zur Verpflegung übrig war. Er wandte sich zu seinen Gefährten und fragte: „Gibt es niemanden, der ihn heute Nacht bewirten kann?" Einer aus den Ansar[32] sagte, er könne diese Person beherbergen. Er nahm sie mit nach Hause und sprach zu seiner Frau: „Dies ist der Gast des Gesandten Allahs, versage ihm keine Bewirtung, die du darbieten kannst." Seine Frau erwiderte jedoch, dass es im Hause nichts anderes gäbe als die Verpflegung für die Kinder. Der Mann meinte: „Lege die Kinder zu Bett,

---

32 Als *Ansar* werden die medinensischen Muslime bezeichnet, die dem Propheten und den Muhadschirun (muslimischen Auswanderern aus Mekka) nach ihrer Ankunft in Medina halfen.

wenn sie heute Abend essen möchten, bringe das Essen und lösche die Öllampe aus." Die Frau tat, was ihr Mann sagte. Im Dunkeln schien es, als würden sie essen, doch verbrachte die Familie diese Nacht hungernd und sättigte ihren Gast. Am nächsten Tag lobte der Gesandte Allahs diese Familie und besagte: *„Allah hat es erfreut, was ihr heute Nacht getan habt."* (Bukhari, Manaqib al-Ansar, 10) Alle Hilfeleistungen auf dem Wege Allahs, und allen voran die Zakah, verleiten den Menschen dazu, solch eine Spiritualität zu erlangen.

Der Muslim, der durch die Zakah die Freude des Teilens und der Ausgabe des Vermögens auf dem Wege Allahs verspürt, rettet sich vor der Gefangenschaft des Materialismus und trägt die Tugend der Großzügigkeit in sich. Er belässt es nicht nur bei der Zakah, sondern bemüht sich darum, gemäß seinen Möglichkeiten bei jeder Gelegenheit zu spenden.

Das Verinnerlichen von Fürsorge und Barmherzigkeit

Die Zakah ist eine Ibadah, die das Geschöpf näher zu seinem Schöpfer bringt und sowohl seine Seele als auch seinen Besitz spirituell reinigt. Eine Person,

> **Durch die Zakah kommt ein Bund der Zuneigung zwischen dem Wohlhabenden und dem Bedürftigen zu Stande und es werden Brücken zwischen diesen Herzen und Seelen gebildet.**

die Zakah entrichtet, zeigt, dass sie die maßlose Liebe zum Besitz zügeln kann. Wenn sie diese Tugend erreicht, so frönt sie weder dem Besitz noch trauert sie um die Dinge, die sie nicht erlangen kann. Sie hat lediglich die Gaben vor Augen, die ihr Allah im Jenseits zuteilwerden lassen wird. Sie reicht den Armen und Bedürftigen der Gesellschaft die Hilfshand. Wenn sie eine hungernde, verwaiste, verwitwete, bedürftige, schwache Person sieht, setzt ihre Barmherzigkeit sie zugleich in Bewegung. Sie findet keine Ruhe, bis sie diesen geholfen hat und den Hunger der Bedürftigen gestillt hat. Und für all diese Taten erwartet sie von niemandem weder Lohn noch Lob, sie hofft einzig und allein auf die Belohnung Allahs. Sie glaubt daran, dass die Spenden, die sie auf der Welt verteilt, ihren Rang im Jenseits erhöhen werden.

Der Prophet Muhammed (saw.) sprach *"Wer satt zu Bett geht, während sein Nachbar hungert, ist kein Mu'min."* (Bayhaqi, as-Sunan al-Kubra, X, 7) und deutete darauf hin, dass der Muslim, dessen Herzen mit Fürsorge und Barmherzigkeit gefüllt ist, seine Geschwister in der Not nicht allein lassen kann. Der Weg, damit der Muslim die Fürsorge und Barmherzigkeit verinnerlichen kann, führt über finanzielle und seelische Hilfeleistungen. Die Zakah steht an erster Stelle all dieser Hilfeleistungen. So empfahl der Gesandte Allahs (saw.) beispielsweise einem Sahabi (Gefährten), der sich über seine Hartherzigkeit beschwerte: *„Wenn du möchtest, dass sich dein Herz enthärtet, so speise den Armen und streiche dem Waisen über den Kopf!"* (Bayhaqi, Schu'ab al-Iman, VII, 472)

Das Gewinnen des Hilfs- und Kohäsionsbewusstsein

Der Mensch wurde in seiner Schöpfung mit dem Sinn für Hilfe, Zusammenhalt und dem Teilen bestückt. Die Zakah hat die Funktion, dieses Gefühl, das in der *Fitrah*[33] des Menschen enthalten ist, freizusetzen und zu entwickeln sowie das Teilen und den Zusammenhalt zu gewährleisten.

Die Muslime sind einander Geschwister, sie sind gar wie die Organe eines einzigen Körpers. So wie alle anderen

---

33 Der Begriff *Fitrah* beschreibt alle Eigenschaften, die der Mensch in seiner Schöpfung und ab seiner Geburt besitzt.

von Armen und
Bedürftigen in
Not nicht nur
der freiwilligen
Hilfeleistung,
sondern verpflichtet
die wohlhabenden
Menschen dazu, ein
Vierzigstel ihres er
worbenen Vermögens
an die im heiligen
Koran genannten
Bedürftigen als Zakah
abzugeben.

DIE SOZIALSTEUER – DIE VERSICHERUNG DES LEBENS UND DES BESITZES

Organe gestört sind, wenn ein Organ des Körpers schmerzt oder leidet, so stört es auch alle Muslime, wenn ein Individuum der islamischen Gesellschaft Schmerz und Trauer empfindet oder in eine Notlage gerät. (Bukhari, Adab, 27; Muslim, Birr, 66) Daraufhin eilen die wohlhabenden Muslime ihren Geschwistern in Not zur Hilfe, teilen ihr Leid und decken ihre Bedürfnisse. Somit bildet sich in der Gesellschaft das Hilfs- und Kohäsionsbewusstsein.

Die soziale Hilfeleistung und der soziale Zusammenhalt bedeuten, dass jedes Individuum sich der Existenz mancher Pflichten und Verantwortungen gegenüber der Gesellschaft bewusst ist und diese wahrnimmt. Diesbezügliche Nachlässigkeiten und Fehltritte laufen auf den Sturz der Gesellschaftsstruktur hinaus – folglich wird jedes Individuum der Gesellschaft Schaden erleiden müssen. Aus diesem Grund werden die Menschen sowohl in den Koranversen als auch in den Ahadithen dazu bewegt, die Bedürfnisse ihrer Glaubensgeschwister zu decken, ihnen in finanziellen Notsituationen zu helfen und ihnen für das Wohlgefallen Allahs zu helfen (Tasadduq). (al-Insan, 76/8-9; Bukhari, Madhalim, 3) Doch der Islam belässt die Lebensfortführung von Armen und Bedürftigen in Not nicht nur der freiwilligen Hilfeleistung, sondern verpflichtet die wohlhabenden Menschen dazu, ein Vierzigstel ihres erworbenen Vermögens an die im heiligen Koran genannten Bedürftigen als Zakah abzugeben.

Der Muslim sollte seinen Besitz sowohl durch die obligatorische Sozialsteuer (Zakah) als auch durch freiwillige Hilfen, die Sadaqah genannt werden, mit seinen bedürftigen Glaubensgeschwistern teilen und sich darum bemühen, sie zu erfreuen. Die Muslime, die im Laufe der Geschichte diese Sensibilität aufzeigten, arbeiteten und bemühten sich Tag und Nacht, gründeten Stiftungen und strebten danach, anderen zu helfen.

Die Erkenntnis des wahren Besitzers von Gaben und Vermögen

So wie wir Allah gehören (al-Baqara, 2/156), gehört auch alles, was wir besitzen, in Wirklichkeit Allah, Dem die Herrschaft der Himmel und der Erde gehört. (Al-i Imran, 3/189) Allah ist der wahre Besitzer jeglichen Besitzes. So gehört Ihm auch die

> **Die Abgabe von Zakah und Sadaqah erinnert uns daran, dass uns der Besitz lediglich anvertraut wurde, und trägt dazu bei, dass wir mit diesem Bewusstsein leben.**

Verfügungsgewalt über das *Mulk*[34]. Allah besitzt die Kraft, das Mulk, das Er gab, zu entziehen, wann Er möchte. (Al-i Imran, 3/26)

Unser Herr, der Besitzer von allem, gab Seinen Geschöpfen die Berechtigung, unter der Bedingung, das von Ihm bestimmte Maß einzuhalten, über Seinen Besitz zu walten. Wenn er sich dieser Befugnis Gebrauch macht, sollte der Mensch gewissenhaft handeln, keine Ausgaben machen, als wäre er der Sachwalter Allahs, und die Zakah und Sadaqah, welches das Recht Allahs über dem Besitz ist, entrichten. Im heiligen Koran werden diejenigen, die sich als die wahren Besitzer des Besitztums sehen und nicht auf dem Wege Allahs spenden, mit folgenden Worten ermahnt: *„Und was ist mit euch, dass ihr nicht auf Allahs Weg ausgeben wollt? Wo doch das Erbe der Himmel und der Erde Allah gehört."* (al-Hadid, 57/10) Die Abgabe von Zakah und Sadaqah erinnert uns daran, dass uns der Besitz lediglich anvertraut wurde,

---

34 *Mulk* beschreibt die gesamte Existenzwelt, die alle Körper/Dinge im erfassbaren Reich umfasst, und Allahs Herrschaft über diese.

und trägt dazu bei, dass wir mit diesem Bewusstsein leben.

Das Abbremsen der Gier und die Erweiterung der Genügsamkeit

Genügsamkeit (*Qana'ah*) bedeutet, dass der Mensch für die Gaben in seinem Besitz dankbar ist und sich mit diesen zufrieden gibt. Die Gier (*Hirs*) stellt sich dem gegenüber. Das Wort Hirs, das als „heftige Begierde nach etwas, die Besessenheit für etwas, unaufhörliche Wünsche, Habgier" definiert werden kann, beschreibt als ein Begriff der Moral die Begierde und Besessenheit, die den Menschen gänzlich mitreist, um ein bestimmtes Ziel zu erreichen. Ein gieriger Mensch mit unersättlichen Wünschen und Begierden ist fern von Überlegungen wie der Entrichtung der Zakah, dem Spenden und der Leistung von Hilfe.

Ein genügsamer Mensch hingegen weiß seine Leidenschaften, Begierden und Wünsche an einem gewissen Punkt einzuschränken. Er fürchtet nicht, dass er durch die Entrichtung der Zakah an Vermögen verlieren oder in Hungersnot geraten könnte. Er glaubt daran, dass es Allah ist, Der die Menschen versorgt. Er trachtet nicht nach dem Besitz eines anderen. Er ist sich dessen bewusst, dass der wahrhaftige Reichtum nicht der Überfluss des Vermögens, sondern der Reichtum des Herzens ist. (Bukhari, Riqaq, 15; Muslim, Zakah, 120) Er ist auch dann glücklich, wenn er wenig an weltlichem Eigentum besitzt. Denn er ist sich darüber im Klaren, dass Eigentum, Besitz und Vermögen nicht unbedingt Glück und Wohlbefinden mit sich bringen. Aus diesem Grund trauert er weder entgangenen Chancen hinterher noch verliert er sich in der Prahlerei mit dem Erworbenen. Er gerät nicht in den Bann weltlicher Dinge. Er verdient sich seinen Lebensunterhalt auf halal und legitimen Wegen. Ein Mensch aber, der Vermögen und Reichtum begehrt und jeglichen Weg einschlägt, um diese zu erzielen, schadet nicht nur sich selbst, sondern auch anderen.

Allahs Liebe zu erlangen ist durch die Genügsamkeit möglich. So antwortete der Gesandte Allahs einem seiner Gefährten, der ihn fragte, welche Tat er begehen müsse, um sowohl die Liebe Allahs als auch die Liebe der Menschen zu gewinnen: *„Begehre nicht die Welt, sodass Allah dich liebt. Begehre nicht den Besitz der Menschen, sodass auch die*

Menschen dich lieben." (Ibn Madscha, Zuhd, 1) Obligatorische und freiwillige Hilfen, die wohlhabende Menschen lediglich um Allahs Willen an Bedürftige leisten, stärken das Gefühl der Genügsamkeit und verleiten dazu, dass diese Genügsamkeit positive Auswirkungen auf ihr Leben hat.

Zu verhindern, dass die Liebe zum Besitz das Herz ergreift

So wie der Islam vom Menschen nicht erwartet, dass er sich gänzlich von der Welt abwendet, möchte er auch nicht, dass er sich der Welt in vollen Zügen hingibt und unmäßig an das Materielle gebunden ist. Diesbezüglich wird in einem Koranvers verkündet: *"…Trachte mit dem, was Allah dir gegeben hat, nach der jenseitigen Wohnstätte, vergiss aber auch nicht deinen Anteil im Diesseits. Und tue Gutes, so wie Allah dir Gutes getan hat, und trachte nicht nach Unheil auf der Erde. Denn Allah liebt nicht die Unheilstifter."* (al-Qasas, 28/77) Auch der Prophet Muhammed (saw.), der in seinen Gebeten Allah darum bat, ihm sowohl auf der Welt als auch im Jenseits das Gute und Schöne zu geben, empfahl den Gläubigen, das Gleichgewicht zwischen der Welt und dem Jenseits zu wahren. (Muslim, Dhikr, 26; Ibn Madscha, Tidscharah, 2)

Zweifelslos ist der Reichtum für den Menschen ein Mittel, um das jenseitige Leben zu gewinnen. Mawlana Dschalaladdin Rumi verglich die Situation des weltlichen Besitzes und des Menschen mit dem Schiff und dem Wasser: *„Dass das Wasser im Schiff ist, ist das Verderben (der Untergang) des Schiffes. Das Wasser unter dem Schiff hingegen hilft dem Schiff und dem Vorankommen des Schiffes."* (Masnawi, I/80, Zweizeiler: 985) Mit diesen Worten vergleicht er das endlose Wasser der Meere mit dem Besitz und Vermögen. Wenn sich die Liebe zum Besitz und Vermögen im Herzen des Menschen verankert, so wird dieser Umstand den Menschen in das Verderben stürzen. Das Schiff hingegen, das das Wasser als ein Mittel zum Voranschreiten nutzt, wird sein Ziel wohlbehalten erreichen.

Im Islam wurde nicht der weltliche Besitz getadelt, sondern der Umstand, dass dieser Besitz nicht rechtmäßig und ebenmäßig benutzt wird. Die wohlhabende Person bereinigt sich durch die Abgabe der Zakah nicht nur vor üblen Eigenschaften wie dem Geiz, der Begierde und der Versessenheit nach dem Materiellen, sie befreit sich auch vor der Gefangenschaft der Materie und bewerkstelligt das Gleichgewicht zwischen dem Weltlichen und dem Jenseitigen. Eine Person mit diesem Bewusstsein weiß, dass der Besitz im Grunde nicht ihr gehört, dass auch andere Rechte über diesen Besitz haben und dass sie mit dem Tod Hab und Gut hinter sich lassend in die Gegenwart Allahs treten wird. (al-An'am, 6/94)

Das Erlangen von Begnadigung, Maghfirah und Rahmat

Wie alle anderen Ibadah ist auch die Zakah ein Weg, um Begnadigung, *Maghfirah*[35] und *Rahmat*[36] zu erlangen. Im heiligen Koran wird darauf hingewiesen, dass die Zakah die Muslime läutert (at-Tawbah, 9/103) und in einem Vers wie folgt darauf aufmerksam gemacht: *„...Wenn ihr das Ritualgebet verrichtet, die Sozialsteuer entrichtet, an Meine Gesandten glaubt, ihnen beisteht (indem ihr den Armen innig Hilfe leistet) und Allah ein gutes Darlehen*

---

35 Der Begriff *Maghfirah* beschreibt, dass Allah die Sünde seines Dieners tilgt und seinen Fehler vergibt.
36 *Rahmat* beschreibt die Gnade und Gunst Allahs, dass Er für die ganze Existenz Gutes erwünscht, ihnen jegliche Hilfe bieten und ihnen Güte erweisen möchte.

gebt, werde Ich euch ganz gewiss eure bösen Taten tilgen und euch ganz gewiss in Gärten eingehen lasse, durcheilt von Bächen..." (al-Ma'ida, 5/12) In einem anderen Vers wird wiederum verkündet, dass einer der Glaubenspraxen (Ibadah), die zur Rahmat Allahs führt und den Menschen von seinen Sünden bereinigt, die Zakah ist. (al-A'raf, 7/156) Der Gesandte Allahs (saw.), der darauf hinwies, dass die Sadaqah von den Sünden reinigt und vor Übel und Unheil schützt, (Bukhari, Zakah, 23) besagte mit den Worten *„Hütet euch vor der Hölle, und sei es mit nur einer halben Dattel (Sadaqah/Spende)."* (Muslim, Zakah, 68), dass jede Sadaqah – unbeachtet ihrer Größe – und jede Wohltat auf dem Wege Allahs eine Sühne für die Sünden ist und den Menschen vor dem Höllenfeuer beschützen wird.

IN HINSICHT AUF DIE ZAKAH-ENTGEGENNEHMENDE PERSON

Die Zakah birgt nicht nur in Hinsicht auf die Person, die die Zakah entrichtet, Weisheiten und Errungenschaften, sondern auch hinsichtlich der Person, die die Zakah entgegennimmt:

Die Bildung einer seelischen Brücke zwischen dem Gebenden und dem Nehmenden

Die Glaubenspraxen besitzen vielerlei Weisheiten (Hikmah). Eine dieser ist, dass sie zwischen den Menschen den Bund des inneren Zusammenhalts, der Liebe und des Respekts bildet. Ibadah wie die Zakah und die Sadaqah, die mit dem Vermögen verrichtet werden, führen dazu, dass zwischen dem Gebenden und Nehmenden ein seelischer Bund der Zuneigung und des Respekts entsteht. Während der Wohlhabende glücklich wird, indem er das seelische Vergnügen der geleisteten Hilfe verspürt, verspürt der Bedürftige Zuneigung und Respekt gegenüber den Wohlhabenden. Durch diese Ibadah, die mit dem Besitz verrichtet wird, kommt ein Bund der Zuneigung zwischen dem Wohlhabenden und dem Bedürftigen zu Stande und es werden Brücken zwischen diesen Seelen und Herzen gebildet.

Die Person, die die Zakah entrichtet, denkt daran, dass der Reichtum eine Probestellung seitens Allah ist, und dass sie, wenn sie die Gaben, die sie heute besitzt, nicht wertschätzt, diese morgen verlieren könnte. Die vergangen Völker, die ihre vorhandenen Gaben aufgrund ihrer Undankbarkeit verloren, sind ihr eine Mahnung. So wie Allah ihr Ihsan[37] entgegenbrachte, bringt auch sie anderen Menschen Ihsan entgegen. Die Person, die Zakah erhält, weiß hingegen, dass es in Wahrheit Allah ist, Der die Gaben vergibt, Er jedoch wohlhabende Menschen als ein Mittel auswählt, um diese Gaben zu übermitteln. Zum einen dankt sie Allah und zum anderen verspürt sie gegenüber den Personen, die ihr diese Gaben übermittelten, Zuneigung und Respekt. Diese Tatsache fasst der Prophet Muhammed (saw.) in folgende Worte: *„Die Herzen empfinden gegenüber denjenigen, die Gutes tun, Zuneigung, und hassen die Übeltäter."* (Bayhaqi, Schu'ab al-Iman, VI, 481)

Das Decken der Bedürfnisse

Der Mensch möchte auf der Welt ein behagliches und friedvolles Leben führen und glücklich sein. Zur Erfüllung dieses Wunsches arbeitet er und bemüht sich

---

[37] Der Begriff *Ihsan* beschreibt jegliche Hilfe und Wohltat, die ohne die Erwartung einer Gegenleistung getätigt wird.

darum, seine Bedürfnisse zu decken. Jedoch kann er in manchen Zeiten und aus verschiedenen Gründen nicht genügend Kraft zum Arbeiten aufbringen. Und zu manch anderen Zeiten besitzt er zwar die Kraft zum Arbeiten, findet aber keine Arbeitsmöglichkeit, um seinen Lebensunterhalt legitim zu bestreiten, oder erhält nicht genug Lohn, um seine eigenen und die Grundbedürfnisse seiner Familie zu decken. Aus diesem Grund wird er mit unterschiedlichen Unannehmlichkeiten konfrontiert. Genau an diesem Punkt schreitet die göttliche Vorkehrung ein. Allah gibt Seinem wohlhabenden Diener das Gefühl der Hilfeleistung ein; füllt sein Herz mit Fürsorge und Barmherzigkeit; und befielt ihm als Notwendigkeit seiner Verantwortungen als Diener Allahs das Entrichten der Zakah. Dieser wiederum deckt die Bedürfnisse der Bedürftigen. Wenn er dieser Pflicht nachgeht, achtet er darauf, die Menschen in wahrhaftiger Not ausfindig zu machen.

Die Zakah zähmt einerseits die Triebseele (*Nafs*[38]) des Zakah-gebenden Menschen

---

38 *Nafs* (auch Triebseele genannt) beschreibt den Kern des menschlichen Wesens und die Neigung gegenüber jeglichen üblen Begierden, die den Menschen von Allah entfernen.

und bereinigt ihn von spirituellem Schmutz und beschützt andererseits den Zakah-entgegennehmenden Menschen vor schlechten Verhaltensweisen, die seine Menschenwürde verletzen, wie beispielsweise vor dem unrechtmäßigen Verdienst oder der Bettelei. Denn eine der Weisheiten und Ziele der Zakah ist es, das Problem der Bettelei, welche die Würde und Ehre des Menschen, der ein ehrenwertes Geschöpf ist, verletzt, zu beheben. Die Person, die die Zakah erhält, verspürt nicht nur in finanzieller Hinsicht eine Erleichterung, sondern auch in seelischer Hinsicht. Denn sie nimmt wahr, dass sie nicht von der Gesellschaft abgeschoben wird und dass sich andere um sie kümmern.

Die Beseitigung der Gehässigkeit und der Missgunst

Allah ist es, Der die Gaben unter Seinen Geschöpfen nach einem bestimmten Maß verteilt. (az-Zuhruf, 43/32) Einige lässt Er die weltlichen Gaben in größerem Maß nutzen, indem Er ihnen viel Rizq[39]

---

39 Rizq beschreibt alles, was Allah den Lebewesen an Versorgung und anderen Angelegenheiten zur Nutzung zuteilwerden lässt.

erteilt, und einigen lässt Er wenig Rizq zuteilwerden. All dies wurde im *Azal*[40] gemäß der göttlichen Hikmah bestimmt. Wären alle Menschen im Besitz eines gleichen Eigentums und Vermögens, so würden sie keine gegenseitige Hilfe benötigen, vielen Angelegenheiten und Arbeiten, die ausgeführt werden müssen, würde niemand nachgehen, und es könnte weder ein wirtschaftlicher noch ein ideeller Fortschritt stattfinden. Die Menschen würden anfangen, abgeschottet und allein zu leben. Auch würde sich kein Bund der Zuneigung oder des Respekts zwischen ihnen bilden. In dieser Hinsicht sollte eine Person, die nicht das gewünschte Maß an weltlichen Gaben besitzt, nicht den Besitz eines anderen begehren und auch keinen Hass gegenüber anderen verspüren. Die vermögende Person hingegen sollte nicht die Gehässigkeit und den Neid der Bedürftigen, die nicht die gleichen Gaben besitzen, anfachen, indem sie ihr Hab und Gut in Verwöhntheit und zwecks der Prahlerei ausgibt. Außerdem sollte sie wissen, dass alles in ihrem Besitz vergänglich ist und die bleibenden Gaben lediglich im Jenseits zu erreichen sind; sie

---

40 Der Begriff *Azal* bedeutet „die vergangene Zeit, die keinen Anfang hat, die Urewigkeit".

sollte ihr Vermögen gemäß dem Befehl Allahs durch die Abgabe von Zakah und Sadaqah mit den Unbemittelten teilen und ihre Herzen besänftigen.

Im Falle, dass die Wohlhabenden die Bedürfnisse der unbemittelten Menschen, die weder Arbeits- noch Unterhaltsmöglichkeiten besitzen, nicht decken und sich nicht um das Lösen ihrer Probleme bemühen, so können sie nicht verhindern, dass die Bedürftigen Groll und Missgunst gegenüber den Vermögenden verspüren. Diese Tatsache lässt sich in der gesamten Geschichte der Menschheit wiederfinden, denn es existierte stets ein Widerstreit zwischen den Wohlhabenden, denen diese Besinnung entbehrt blieb, und den Armen, die keine Arbeits- und Erwerbsmöglichkeiten fanden. Viele der blutigen Geschehnisse, der Konflikte und Plünderungen rührten davon, dass der eine nicht über das gleiche Vermögen wie der andere verfügte.

Die Zakah und Sadaqah stärken einerseits die schönen moralischen Werte wie die zwischenmenschliche Geschwisterlichkeit, Geduld, Genügsamkeit und die Ergebenheit gegenüber dem Schicksal und lassen andererseits die Gefühle, die Feindseligkeit zwischen die Menschen treiben, schwinden. Somit wird weder veranlasst, dass sich der Vermögende etwas einbildet, noch dass der Arme ihm gegenüber Hass und Neid empfindet.

Die Motivation zur Arbeit, zum Gewinnerwerb und zur Produktivität

Im Islam ist das Vergeben der Zakah vorzüglicher als das Entgegennehmen und die gebende Hand ist vortrefflicher als die nehmende Hand. (Bukhari, Zakah, 18; Muslim, Zakah, 94) Jeder Muslim, der eine vorzüglichere Position erreichen möchte, bemüht sich mit dieser Gesinnung darum, seinen Verdienst auf halal Wegen zu erwerben, produktiv zu sein und ein legitimes Vermögen zu bekommen. Der Gesandte Allahs besagt in einem Hadith: *„Lediglich diese zwei Personen sollten beneidet werden: Die Person, die von dem Vermögen, das ihr Allah gab, auf dem rechten Weg ausgibt, und die Person, die mit dem Wissen und der Weisheit, die ihr Allah gab, sachgerecht waltet und sie anderen lehrt."* (Bukhari, Zakah, 5; Muslim, Musafirin, 268) Demnach ist eine der Personen, die beneidet werden sollten, die Person, die Allah mit legitimem (halal) Besitz reich machte. Denn diese

Die Zakah im Islam verleitet die Armen und Unbemittelten nicht zur Passivität, Rezeptivität oder zur Faulheit. Im Gegenteil motiviert sie dazu, auf legitimen Wegen zu arbeiten, zu verdienen und zu produzieren sowie dazu, ein Muslim zu sein, der den Menschen nützt und hilft.

Person wird ihren Besitz um Allahs Willen für die von der Religion vorgesehenen Dinge - allen voran als Zakah - bei Tag und Nacht ausgeben. Sie ist sich der großen Verantwortung, die ihr mit diesem Vermögen aufgelegt wurde, bewusst. Sie überlegt sich gut, wie sie dieses Vermögen, das sie als etwas Anvertrautes erachtet, ausgeben sollte. Die Zakah-entgegennehmende Person hingegen sieht diesen guten Menschen, der ihr die Zakah entrichtet und sein Vermögen um Allahs Willen ausgibt, beneidet ihn hierfür und bemüht sich darum, zu arbeiten und legitimen Verdienst zu erlangen, um auch selbst diese Position zu erreichen. Eben diese Gesinnung motiviert die Menschen, die Zakah erhalten, zum Arbeiten und zur Produktivität. Mit der Zakah, die einer der fünf Grundglaubenspraxen des Islams ist, wird den Muslimen folgende Botschaft mitgeteilt: Arbeite auf legitime Art und Weise, produziere, erziele deinen Verdienst und werde auch du eines Tages zu der gebenden Hand, zu der Hand, die Wohltaten vollführt und Spenden vergibt. Tritt den Muslimen bei, die ihren sozialen und wirtschaftlichen Verantwortungen nachgehen, die Bedürftigen, Waisen und Alleinstehenden erfreuen, indem du, so wie du täglich dein fünfmaliges Ritualgebet verrichtest, einmal im Jahr die Zakah-Ibadah verrichtest! Bleibe nicht dein Leben lang dieser Ibadah entbehrt! Folglich verleitet die Zakah im Islam die Armen und Unbemittelten nicht zur Passivität, Rezeptivität oder zur Faulheit. Im Gegenteil motiviert sie dazu, auf legitimen Wegen zu arbeiten, zu verdienen und zu produzieren sowie dazu, ein Muslim zu sein, der den Menschen nützt und hilft. In dieser Hinsicht gewährleistet die Zakah zum einen die Deckung der Grundbedürfnisse von Sozialschichten mit geringer Einkommensschwelle und bringt sie zum anderen als produktive Menschen zur Gesellschaft.

IN HINSICHT AUF DEN BESITZ UND DAS VERMÖGEN

Die Zakah muss von dem Besitz entrichtet werden, der *mutaqawwim* ist, also sowohl rechtlich als auch religiös gesehen einen Wert besitzt, und der auf legitimen/halal Wegen verdient wurde. Die Zakah, die in diesem Rahmen vergeben wird, läutert nicht nur das Hab und Gut von den Rechten anderer Mitmenschen (*Huquq al-`Ibad*), sondern bringt ihm auch Überfülle

Die Zakah gewährleistet zum einen die Deckung zum einen die Deckung der Grundbedürfnisse von Sozialschichten mit geringer Einkommensschwelle und bringt sie zum anderen als produktive Menschen zur Gesellschaft.

(Barakah), bietet ihm Schutz und wandelt ihn in eine Anlage für das Jenseits um.

Das Reinigen/Läutern von Besitz und Vermögen

Da mit der „Zakah", die lexikalisch Bedeutungen wie Anstieg, Mehrung, Fülle (Barakah) und Reinheit besitzt, vom legitim erworbenen Besitz das Recht der in religiöser Hinsicht Anspruchsberechtigten abgegolten wird, werden der Besitz und das Vermögen spirituell gereinigt. Aus diesem Grund wurde dem Propheten (saw.) im heiligen Koran befohlen, die Zakah vom Besitz der Gläubigen zu entrichten und sowohl sie selbst als auch ihren Besitz zu läutern: „*Nimm von ihrem Besitz ein Almosen (die Zakah), mit dem du sie rein machst und läuterst, und bete für sie. Denn dein Gebet ist für sie eine Beruhigung (Es beruhigt ihre Herzen). Allah ist Allhörend und Allwissend.*" (at-Tawbah, 9/103)

Es ist möglich zu sagen, dass die im Vers genannte Reinigung in drei Dimensionen stattfindet: in individueller, gesellschaftlicher und finanzieller Hinsicht. Durch das Entrichten der Zakah werden all diese drei verwirklicht. Das Wort Zakah ist hin-

> **„Allah erklärte die Zakah nur als Fardh (Pflicht), damit euer nachbleibender Besitz und euer Vermögen gänzlich rein ist."**

sichtlich seiner hauptsächlichen Bedeutung an erster Stelle eine spirituelle Reinigung des Besitzes. Denn in der Zakah liegt das Recht der Armen und Unbemittelten.

Demnach kann sich die wohlhabende Person nicht von der Verantwortung befreien, solange sie die religiöse/finanzielle Schuld, die sie den Hilfsbedürftigen zu leisten hat, nicht abbezahlt. Mit dem Hadith *„Allah erklärte die Zakah nur als Fardh (Pflicht), damit euer nachbleibender Besitz und euer Vermögen gänzlich rein ist."* (Abu Dawud, Zakah, 32) brachte der Prophet Muhammed (saw.) deutlich zum Ausdruck, dass der Besitz, von dem keine Zakah entrichtet wird, nicht geläutert werden kann, da die Bedürftigen Rechte über diesen Besitz haben.

Die Fülle (Barakah) von Besitz und Vermögen

Im heiligen Koran wird der Besitz, der um Allahs Willen gespendet wird, als ein

DIE SOZIALSTEUER – DIE VERSICHERUNG DES LEBENS UND DES BESITZES

Darlehen für Allah angesehen und es wird verkündet, dass die Gegenleistung hierfür um ein Vielfaches von Allah zurückgegeben wird. (al-Baqara, 2/245) Allah verkündet, dass der Besitz derer, die ihre Zakah rechtmäßig entrichten und hierbei lediglich Seinem Willen folgen, vermehrt wird (ar-Rum, 30/39) und die Gegenleistung für jede Zakah ausgezahlt wird. (siehe Saba, 34/39) Auch der Prophet (saw.) machte darauf aufmerksam, dass durch die Entrichtung der Zakah der Besitz in Wahrheit nicht schrumpft (Muslim, Birr, 69), und besagte in einem Hadith: *„Wenn eine Person von ihrem reinen (halal) Besitz Sadaqah spendet – und Allah nimmt nur das Reine (das halal ist) an – nimmt ar-Rahman[41] dies an, selbst wenn es nur eine einzige Dattel ist und lässt diese Sadaqah größer als einen Berg werden, so wie ihr ein Kalb oder ein Fohlen fürsorglich großzieht."* (Muslim, Zakah, 63; Ibn Madscha, Zakah, 28)

Der Muslim reicht den Unbemittelten durch das Entrichten der Zakah die Hilfshand und verschafft seinem Vermögen

---

41 *Ar-Rahman* ist einer der Namen Allahs und bedeutet „Der, Der allen Existenzen auf der Welt Barmherzigkeit und Wohltaten erweist".

Barakah[42]. Denn das Vermögen, dessen Zakah entrichtet wird, ist wie ein Obstbaum. Wenn die Person den Obstbaum gut bewässert und stutzt, so wird dieser Baum, trotz seiner gestutzten und getrimmten Äste, reichlich an Frucht tragen und seinen Besitzer erfreuen. Auf die gleiche Art und Weise steigern die Zakah und Sadaqah die Ergiebigkeit und den Überfluss des Vermögens. So gibt auch der Koranvers „*Dahinschwinden lassen wird Allah den Zins und vermehren wird er die Sadaqah...*" (al-Baqara, 2/276) uns dieses Versprechen. Mit den „Sadaqah" in diesem Vers sind alle möglichen Spenden auf dem Wege Allahs gemeint, also sowohl die obligatorische Zakah als auch jegliche freiwilligen Spenden. In einem anderen Vers wird wiederum „*...Und was immer ihr auch (auf dem Wege Allahs) ausgebt, so wird Allah es euch ersetzen. Er ist der Beste der Versorger.*" (Saba, 34/39) verkündet und somit offen dargelegt, dass keine der Ausgaben, die für einen guten Zweck und freiwillig getätigt werden, von Allah unerwidert bleiben, sowie dass niemand

---

42 *Barakah* bedeutet Fülle, Überfluss, Ergiebigkeit, Segen und Glückseligkeit.

infolgedessen Sachschaden erleiden wird.

Gesellschaften hingegen, die die Zakah aufgrund ihres Geizes nicht entrichten, wird die Rahmat[43] sowie die Barakah Allahs entbehrt. Diese Tatsache wird vom Propheten wie folgt kundgegeben: *„Entrichtet eine Gesellschaft/ein Volk nicht die Zakah ihrer Besitztümer, so bleibt ihnen der vom Himmel niedergehende Regen entbehrt. Wenn es die Tiere nicht gäbe, würde ihnen nichts vom Regen zuteilwerden."* (Ibn Madscha, Fiten, 22) Auch ist dies eine der Botschaften, die uns mit dem Vers *„…Wenn ihr dankbar seid, werde Ich euch ganz gewiss noch mehr (Gunst) erweisen. Wenn ihr jedoch undankbar seid, dann ist Meine Strafe fürwahr streng."* (Ibrahim, 14/7) mitgeteilt werden.

Das Versichern von Besitz und Vermögen

In Gesellschaften, in denen die Einkommensverteilung entzweigt und die Einkommensunterschiede zum Nachteil der

---

43 *Rahmat* beschreibt die Gnade und Gunst Allahs, dass Er für die ganze Existenz Gutes erwünscht, ihnen jegliche Hilfe bieten und ihnen Güte erweisen möchte.

Armen zunehmen, entsteht zwischen den Reichen und den Armen eine Feindschaft, welche sich mit der Zeit in einen sozialen Konflikt umwandelt. Somit gerät die Lebens- und Vermögenssicherheit in Gefahr, Reichtümer werden geplündert und der Friede und die Sicherheit in der Gesellschaft schwindet.

In dieser Hinsicht gilt die wohlhabende Person das Recht der Anspruchsberechtigten ab, indem sie als Erfordernis des Muslim-Seins die Zakah entrichtet und ihre Verpflichtungen erfüllt. Auf diese Weise „versichert" sie ihr Leben und ihr Vermögen vor den üblen Gefühlen wie Missgunst, Neid und Groll und vor jeglichen Übeltaten wie Überfällen und Diebstahl. So besagte auch der Gesandte Allahs, der die Zakah als einen Weg zur Bereinigung des Vermögens beschreibt, mit den Worten „*Nehmt eure Besitztümer durch das Entrichten der Zakah unter Schutz!*" (Bayhaqi, as-Sunan al-Kubra, III, 542), dass die Zakah ein spiritueller Schutzschild für Vermögen und Besitz ist.

Besitz und Vermögen in eine Anlage für das Jenseits umzuwandeln

Die Zakah wandelt das vergängliche Vermögen in ein bleibendes um und macht es zu einer Anlage für das Jenseits. Mit dem Vers *„Glaubt an Allah und Seinen Gesandten und gebt (auf dem Wege Allahs) aus von dem, worüber Er euch zu Statthaltern eingesetzt hat. Diejenigen von euch, die glauben und (auf dem Wege Allahs) ausgeben, für sie wird es großen Lohn geben."* (al-Hadid, 57/7) wird im heiligen Koran verkündet, dass es als Gegenleistung für die Spenden, die um Allahs willen ausgegeben wurden, im ewigen Jenseits *„große Adschr[44] und Belohnung"* geben wird.

Eines Tages fragte der Prophet (saw.), der für seine Familie ein Schaf schlachtete, wie viel vom verteilten Fleisch übriggeblieben war, worauf seine Ehefrau Aischa (ra.)[45] *„Es ist nur ein Schulterblatt übriggeblieben."* antwortete. Der Gesandte Allahs erwiderte *„Sodann ist alles außer ein*

---

44 Adschr beschreibt den Sawab und Lohn, der als Gegenleistung für den Glauben und die Wohltaten (Salih Amal) vergeben wird.

45 (ra.) ist die Abkürzung für *„Radiyallahu anh/anha/anhum"* und bedeutet „Möge Allah mit ihm/ihr/ihnen zufrieden sein".

Schulterblatt unser geworden!" (Tirmidhi, Sifat al-Qiyamah, 33) und wies darauf hin, dass in Wahrheit nicht das Gegessene und Getrunkene, sondern das, was an Bedürftige und Unbemittelte abgegeben wird, dem Eigentümer gehört. In einem anderen Hadith erklärt er dies wiederum mit folgenden Worten: *„Der Mensch sagt stets ‚Mein Besitz, mein Besitz'. Hast du einen anderen Besitz (der dir nützt) außer den, den du isst und trinkst, den, den du anziehst und abträgst, und den, den du als Sadaqah vergibst und zu etwas Bleibendem machst?"* (Muslim, Zuhd, 3)

IN SOZIOÖKONOMISCHER HINSICHT

Neben den obig genannten Errungenschaften besitzt die Zakah auch soziale und ökonomische Funktionen. Manche dieser sind folgende:

Das Bilden einer Atmosphäre der Liebe, des Friedens und der Geschwisterlichkeit

Viele der Straftaten, die heutzutage begangen werden, sind nicht nur auf den Mangel der Spiritualität, sondern auch auf finanzielle Schwierigkeiten und die Armut zurückzuführen. Die Mittellosigkeit und

DIE SOZIALSTEUER – DIE VERSICHERUNG DES LEBENS UND DES BESITZES

die Armut geben Anlass zur Feindschaft und zu Konflikten zwischen Individuen, Gesellschaften, Gesellschaftsschichten und Völkern, führen zum moralischen Zusammenbruch und gefährden nicht nur die Lebens- und Vermögenssicherheit von Ländern, sondern auch die von Menschen. Aus diesem Grund suchte der Prophet Muhammed (saw.) vor den schlimmen Konsequenzen der Armut seine Zuflucht bei Allah: *„Oh Allah! Ich suche meine Zuflucht vor dem Kufr[46] (dem Unglauben) und der Armut bei Dir."* (Abu Dawud, Adab, 110) In einem anderen Bittgebet besagt er wiederum, dass er seine Zuflucht *„vor dem Übel des Reichtums und der Armut"* bei Allah sucht (Abu Dawud, Witr, 32), und bittet somit Allah darum, ihn gegenüber Umständen wie der Nichterfüllung von sozialen, moralischen und finanziellen Verantwortungen vor dem Übel des Reichtums zu schützen.

Dass manche Reiche an verschiedenen Orten der Welt ein Leben führen, das auf einen äußerst luxuriösen, verschwenderischen und plakativen Konsum fixiert ist, und sich gegenüber

---

[46] *Kufr* bedeutet, die Existenz Allahs, die Einheit Allahs sowie die von Ihm bestimmten Gebote und Verbote abzulehnen und zu leugnen.

Mit dem Vers „*Sie gestanden an ihrem Besitz den (Hilfe) Wollenden und den Unbemittelten (die aufgrund ihrer Iffah nicht bitten können) ein Anrecht zu.*" (adh-Dhariyat, 51/19) wird im heiligen Koran betont, dass die Zakah das natürliche Recht des Armen ist, der sich unter der Obhut des Wohlhabenden befindet.

den Bedürftigen, die sich in Not befinden, unempfindlich und indifferent verhalten, kann die Missgunst dieser Menschen anfachen. Dass einerseits Menschen in Fülle und Wohlstand leben und andererseits Menschenmengen existieren, die nicht einmal ihre Grundbedürfnisse decken können, bringt das Problem des sozialen Konflikts mit sich. In dieser Hinsicht müssen diese und ähnliche negativen Umstände, die zu Anspannungen zwischen den Individuen, die die Gesellschaft bilden, führen können, behoben werden, damit die Gesellschaft ihre Existenz auf zuträgliche Weise weiterführen kann und die soziale Gerechtigkeit bewerkstelligt wird. Genau an diesem Punkt spielt die Zakah eine äußerst wichtige Rolle und leistet einen wichtigen Beitrag zur Bildung einer Atmosphäre des Vertrauens, der Liebe und des Friedens.

Das Übertragen des Verdienstes auf den Bedürftigen

Der Islam möchte nicht, dass die Wirtschaftsstruktur der Gesellschaft eine pyramidenhafte Form annimmt. Er sieht durch obligatorische Entrichtungen wie der Zakah und freiwillige Ausgaben einen Besitz- und Vermögenstransfer von den Wohlhabenden zu den Unbemittelten der Gesellschaft vor. Mit dem Vers „*Sie gestanden an ihrem Besitz den (Hilfe) Wollenden und den Unbemittelten (die aufgrund ihrer Iffah[47] nicht bitten können) ein Anrecht zu.*" (adh-Dhariyat, 51/19) wird im heiligen Koran betont, dass die Zakah das natürliche Recht des Armen ist, der sich unter der Obhut des Wohlhabenden befindet. Als der Prophet (saw.) Muadh ibn Dschabal als Gouverneur in den Jemen sandte, erteilte er ihm folgende Anweisung: „*Du gehst (als Verwalter) zu einer Gesellschaft der Ahl al-Kitab[48]. Lade sie zunächst zur Dienerschaft (Ergebenheit) für Allah ein. Wenn sie dies akzeptieren, so teile ihnen mit, dass Allah jeden Tag und jede Nacht das Ritualgebet zu fünf (Gebets-) Zeiten als Fardh (Pflicht) erklärte. Wenn sie dies verrichten, so verkünde ihnen, dass Allah die Zakah als Fardh auferlegte. Diese Zakah wird von den Besitztümern der Reichen genommen*

---

47 Die *Iffah* ist die Tugend, die den Menschen davor schützt, übermäßig an körperlichen und materiellen Vergnügen zu hängen.
48 Als *Ahl al-Kitab* werden diejenigen bezeichnet, die an die Bücher, die Allah seinen Propheten sandte, glauben.

und den Armen vergeben." (Bukhari, Zakah, 41)

Wie aus den Koranversen und den Ahadithen zu verstehen ist, findet mit der Zakah, die eine Ibadah ist, welche mit dem Vermögen verrichtet wird, eine Übertragung des Besitzes und des Vermögens von den Wohlhabenden der islamischen Gesellschaft zu den Unbemittelten statt. Zugleich wird auch ein gegenseitiger Transfer der Kenntnisnahme, Anteilnahme, und der Zuneigung bewerkstelligt. Arme, Hilfsbedürftige, Verschuldete und auf der Strecke Gebliebene werden wahrgenommen. Somit wird eine mögliche Feindschaft der ärmeren Gesellschaftsschicht gegenüber den Wohlhabenden von selbst verhindert.

Bei der Lösung des Armutsproblems beizutragen

Im heiligen Koran wird erwähnt, dass die Angst vor der Armut solch üble Konsequenzen hat, dass sie die Menschen gar dazu verleitet, ihre Kinder umzubringen. Diejenigen, die nicht in Allah, dem Versorger aller, vertrauen und derartig kaltblütige Taten begehen, werden scharf kritisiert. (al-Isra, 17/31; al-An'am, 6/151) Solange das Problem der Armut und der Beschäftigung nicht gelöst wird, ist es möglich, dass Personen, die eine gewisse moralische Reife nicht erreicht haben und sich ihrer Verantwortungen gegenüber Allah nicht bewusst sind, von dieser Situation negativ beeinflusst werden. Aus diesem Grund berücksichtigten und beschützten die Propheten im Laufe der Geschichte stets die Armen, Unbemittelten, Voll- und Halbwaisen, kümmerten sich um ihre sozialen und finanziellen Probleme und erinnerten ihre Glaubensgemeinschaften daran, dass mit dem Ritualgebet auch die Zakah eine von Allah auferlegte Pflicht ist. (al-Baqara, 2/83 ff.)

Es ist nicht möglich, das Armutsproblem gänzlich zu lösen. Denn egal wie reich die Mehrheit der Menschen eines Landes ist, wird es immer Menschen geben, deren Einkommen niedriger ist. Auch ist es aufgrund von Naturkatastrophen wie Erdbeben, Bränden, Überflutungen und Dürren und von Kriegen jederzeit möglich, dass ärmere Menschengruppen entstehen. Deshalb ist das grundlegende Maß, um das Hunger- und Armutsproblem zumindest teilweise zu lösen oder um eine

> **Die Zakah ist einer der wichtigsten Wege, um zu verhindern, dass sich das das Vermögen in eine Form der Macht umwandelt, die sich in einer bestimmten Gesellschaftsschicht ansammelt.**

Welt zu formen, in der jeder Mensch seine Grundbedürfnisse decken kann, dass die Hilfs- und Teilbereitschaft zwischen Menschen und Ländern gestärkt und in die Praxis umgesetzt wird. Die Zakah, die eine der fünf Grundprinzipien des Islams ist, spielt bei der Lösung dieses Problems eine wichtige Rolle. Denn der Islam macht die Menschen füreinander verantwortlich, fordert sie dazu auf, dass sie sich gegenseitig berücksichtigen und beschützen sowie dass sie fern vom Egoismus zueinander halten, und befahl den wohlhabenden Muslimen hierfür das Entrichten der Zakah. Obendrein wertete er die Zakah nicht als eine freiwillige Hilfeleistung; sondern als ein Recht der berechtigten Unbemittelten und eine obligatorische Glaubenspraxis.

Die Verwirklichung der sozialen Sicherheit und des sozialen Zusammenhalts

Die Zakah führt einerseits zur individuellen und gesellschaftlichen Läuterung und trägt mit der Rolle, die sie bei der Gewährleistung der sozialen Sicherheit und des sozialen Zusammenhalts spielt, dazu bei, dass sich die Gesellschaftsstruktur auf eine zuträgliche Art und Weise entwickelt. Denn Bedürftige, Alleinstehende, Arme, Verschuldete und auf der Strecke Gebliebene werden mithilfe der Zakah geschützt und unterstützt, sodass ihnen sozialer Schutz gewährt wird. Die Zakah dient auch dann als Schutz, wenn die Individuen einer Gesellschaft mit Notsituationen oder Katastrophen konfrontiert werden. Zweifelsos üben die Versicherungssysteme in solchen Situationen ihre Pflichten aus. Jedoch unterscheiden sich die Zakah und die Versicherungsunternehmen hinsichtlich ihrer Absicht und Mission. Denn in Versicherungssystemen erfolgt die Auszahlung gemäß dem gezahlten Versicherungsbeitrag und die Schäden werden nur im zuvor vertraglich bestimmten Ausmaß gedeckt. Gibt es keine Versicherung, so steht auch eine Auszahlung oder Entschädigung außer Frage. Bei der Zakah hingegen gibt es weder eine vorherige Einzahlung noch einen verbindlichen Beitrag. Die Hilfsleistung und Unterstützung für die Bedürftigen oder die Personen, die von einer Katastrophe betroffen sind, erfolgt lediglich um Allahs Willen und ohne jegliche Gegenleistung. Kurz gefasst nimmt der Islam einerseits das Arbeiten, Verdienen und Produzieren auf legitimer Art und Weise als Grundlage und sieht andererseits vor, dass den Bedürftigen durch verschiedene Hilfeleistungen, allen voran durch die Zakah, geholfen wird. In dieser Hinsicht trägt die Zakah auch das Potenzial, die Funktionen der Versicherungssysteme zu erfüllen.

Die Verhinderung der Ansammlung von Vermögen in bestimmten Händen

Die Zakah ist einer der wichtigsten Wege, um zu verhindern, dass sich das Vermögen in eine Form der Macht umwandelt, die sich in einer bestimmten Gesellschaftsschicht ansammelt. Denn die Zakah stellt dieses Vermögen auch den

Armen zur Verfügung und kurbelt somit das wirtschaftliche Leben an, indem es die Kaufkraft der Menschen steigert. Folglich erfreuen sich nicht nur die Bedürftigen, sondern auch die Kaufleute und Händler, da die Zakah zum einen die Produktion und Dienstleistung fördert und zum anderen zu Beschäftigungsmöglichkeiten beiträgt.

Im heiligen Koran wird Folgendes verkündet: *„Was Allah Seinem Gesandten von den Bewohnern der (eroberten) Städte als kampflose Beute zugeteilt hat, das gehört Allah, Seinem Gesandten und den Verwandten des Gesandten, den Waisen, den Armen und dem Sohn des Weges. Dies (hat Allah so bestimmt), damit es (das Vermögen und die Macht) nicht nur im Kreis der Reichen von euch bleibt. Was nun der Gesandte euch gibt, das nehmt; und was er euch untersagt, dessen enthaltet euch. Und fürchtet Allah. Gewiss, Allah ist streng im Bestrafen."* (al-Haschr, 59/7) Die Aussage *„Dies (hat Allah so bestimmt), damit es (das Vermögen und die Macht) nicht nur im Kreis der Reichen von euch bleibt."* betont, dass das erzielte und produzierte Gut oder Vermögen nicht in den Händen bestimmter Personen kreisen, die soziale

Gerechtigkeit gewährleistet werden und der Wohlstand sich auf die Allgemeinheit verbreiten sollte. Bei der Verwirklichung des genannten Ziels und der Verbreitung des Vermögens ist die Zakah eines der entscheidensten Mittel.

Vermögen und Besitz in die Wirtschaft einzubringen

Im Islam ist es nicht erwünscht, dass das Vermögen untätig und abseits von der Produktion angelegt wird. Im Gegenteil wurde befohlen, es in legitimen Maßen für Spenden und Investitionen zu nutzen und es im Interesse der Gesellschaft einzusetzen. Mit dem Vers „*...Diejenigen, die Gold und Silber horten und es nicht auf Allahs Weg ausgeben, denen verkünde schmerzhafte Strafe, am Tag, da im Feuer der Hölle darüber heiß gemacht wird und damit ihre Stirnen, ihre Seiten und ihre Rücken gebrandmarkt werden: Dies ist, was ihr für euch selbst gehortet habt. Nun kostet, was ihr zu horten pflegtet!*" (at-Tawbah, 9/34-35) werden im heiligen Koran diejenigen, die ihren Besitz und ihr Vermögen anhäufen, keine Zakah entrichten und ihr Vermögen

DIE SOZIALSTEUER – DIE VERSICHERUNG DES LEBENS UND DES BESITZES

dementsprechend vor dem Nutzen der Gesellschaft zurückhalten, gemahnt.

Auch wenn die Person ihre Zakah entrichtet und ihren religiösen Pflichten nachgeht, wird das Vermögen, das sie nicht in die Wirtschaft einbringt, durch die jährliche Zakah und die Inflation von Tag zu Tag schwinden. Schließlich wird die vermögende Person große wirtschaftliche Verluste erleiden. An diesem Punkt tritt die Weisheit, die die Zakah hinsichtlich der Wirtschaft birgt, zum Vorschein: Sie verhindert, dass das Vermögen des Markts ferngehalten wird und somit zerrinnt. Folglich werden mit der Zakah einerseits die Bedürfnisse der ärmeren Gesellschaftsschichten gedeckt und zum anderen sichergestellt, dass vorhandenes Vermögen in Investitionen, Produktionen und Beschäftigungen umgewandelt werden. Der wohlhabende Muslim, der jedes Jahr 2,5% (ein Vierzigstel) seines Besitzes und Vermögens als Zakah entrichtet, wird davon absehen, sein Vermögen untätig zur Seite zu legen, um zu verhindern, dass es dahinschmilzt. Ganz im Gegenteil wird er es in der Wirtschaft einsetzen und somit einen positiven Beitrag leisten.